So genießt Südtirol

Heinrich Gasteiger
Gerhard Wieser
Helmut Bachmann

33 X Risotto

ATHESIA VERLAG

Bibliografische Information der Deutschen Nationalbibliothek
Die Deutsche Nationalbibliothek verzeichnet diese Publikation in der Deutschen Nationalbibliografie; detaillierte bibliografische Daten sind im Internet abrufbar: http://dnb.d-nb.de

Bildnachweis
Udo Bernhart: Seite 12
www.fotolia.com: Seite 6, 14 Mitte links
Daniela Kofler: Seite 13, 14 unten, 15, 17 (1 + 3), 17 unten, 19, 51
Eising Studios: Titelbild
Alle übrigen Aufnahmen stammen von **Günther Pichler**, Eggen, www.gpichler.com

7. Auflage 2025

Lektorat Wissenswertes: Klaus Innerhofer
Korrektorat: Kathrin Kötz
Umschlaggestaltung: ganeshGraphics, Lana
Design & Layout: Athesia-Tappeiner Verlag
Druck: Athesia Druck, Bozen
Papier: Innenteil GardaPat KIARA

MIX
Papier | Fördert gute Waldnutzung
FSC® C010042

Gesamtkatalog unter
www.athesia-tappeiner.com

Fragen und Hinweise bitte an
buchverlag@athesia.it

Dieses Buch wurde der Umwelt zuliebe nicht mit einer Schutzfolie eingeschweißt.

ISBN 978-88-8266-646-0

Bildbeschreibung Umschlag
Titelbild: roher Rundkornreis
Rückseite: Risotto mit Meeresfrüchten und Bärlauchrisotto

designed + produced
IN SÜDTIROL

Online-Kochservice
Wenden Sie sich an uns, wenn Sie Fragen haben. Anregungen sind jederzeit willkommen.
info@so-kocht-suedtirol.it · www.so-kocht-suedtirol.it

sokochtsuedtirol

Einfach QR-Code scannen und auf unserer Internetseite informieren.

Ein Gruß aus der Genießerküche

Kochen ist eine Kunst, die jeder lernen kann. Und da man bekanntlich im Leben nie genug wissen kann – und beim Kochen ohnehin nicht –, möchten wir Ihnen noch mehr Geheimnisse aus der Küchenpraxis verraten. Egal ob als Neuling am Herd, ambitionierter Amateur, berufstätige Mutter, als angehender oder schon tätiger Berufskoch ... Sie werden sehen, mit dieser Kochbuchreihe lernen Sie kochen, speziell Risotto kochen, wie ein Profi: systematisch, variantenreich, effizient.
Risotto gilt unter Kennern als ein kulinarischer Höhepunkt der italienischen Küche. Und jeder, der einmal einen liebevoll gerührten Risotto kosten durfte, gerät angesichts eines eher unscheinbar anmutenden Gerichts aus rundlichen Reiskörnern von sämiger Konsistenz ins Schwärmen.
Es gibt kaum Zutaten, die sich nicht für einen Risotto eignen würden. Wir haben sie alle ausprobiert und die besten Rezepte für dieses Buch zusammengestellt: regionale Spezialitäten und Klassiker des Risottolandes Italien.
Bei der Zubereitung sollten wir bedenken, dass die Grundsubstanzen, also Reis, Butter, Suppe usw., da allesamt Naturprodukte, nicht immer gleich ausfallen. So kann ein Rezept immer nur den Weg zeigen. Dann kommen das Gefühl und die Erfahrung mit ins Spiel.

Jetzt wünschen wir Ihnen viel Freude mit der neuen Kochbuchreihe. Aus unserer langjährigen Kocherfahrung wissen wir, welche Fragen immer wieder auftreten, bei geübten, aber auch weniger geübten Hobbyköchen.
Wir hoffen, wir können Ihren Wissenshunger stillen und wichtige Antworten geben!
Und, dass Ihnen die Lektüre einen sicheren Umgang mit den zahlreichen Variationen dieses großartigen italienischen Klassikers vermittelt.
Guten Appetit!
Viel Spaß beim Ausprobieren wünschen
Ihre Autoren

Helmut Bachmann | Heinrich Gasteiger | Gerhard Wieser

Inhalt

Genialität oder gastronomische Institution?

Die Italiener haben aus den drei Grundgetreidearten Speisen gezaubert, die unverwechselbar italienisch sind: aus Mais die Polenta, aus Weizen den Nudelteig und aus Reis den Risotto. Jede für sich stellt eine Art Nationalgericht dar.
Reis ist eine der wichtigsten Nutzpflanzen der Erde: Für mehr als die Hälfte der Weltbevölkerung stellt er das Hauptnahrungsmittel dar.
In vielen asiatischen Sprachen sind die Worte für Reis und für Essen identisch. Ein Zeichen dafür, welch hohen Stellenwert diese Pflanze für die Ernährung hat.

Geschichte

Die **Reispflanze,** mit lateinischem Namen *Oryza sativa*, gehört zur Familie der Gräser. Die Ursprünge der Pflanze liegen vermutlich in den Deltas der Flüsse Ganges, Jangtse und Tigris. Die Geschichte des Reisanbaus reicht in Südostasien immerhin bis zu 7000 Jahre zurück.
Etwa 8000 Reissorten existieren heute – durch Züchtung angepasst an verschiedene Klimaverhältnisse und Bedingungen.
Reispflanzen brauchen zum Gedeihen meist die Wärme und Feuchtigkeit des subtropischen Klimas.

Anbau

90 Prozent der Weltreisproduktion wird in Asien angebaut – in den meisten Ländern noch von Hand auf den typischen Reisterrassen. Auch in Teilen Europas, wie in der Poebene, und in den USA wird Reis angebaut.

Hier wird er, ebenso wie in den industrialisierten Ländern Asiens, maschinell bearbeitet und durchgehend künstlich bewässert.

Ernte/Verarbeitung

Reispflanze

Nach dem Ernten und Dreschen wird der braune Reis getrocknet und gereinigt. Um den meistverkauften weißen Reis herzustellen, wird das sogenannte Silberhäutchen mithilfe einer Maschine vom Korn getrennt. Anschließend werden die Reiskörner mit Glucose und Talkum poliert, damit sie weiß bleiben.

Wasser und Sonne

Reis gedeiht zwischen **April und September,** also genau in den fünf Monaten, in denen Wasser und Sonne dominieren. Reis benötigt frisches, sauerstoffreiches Wasser. Beide Elemente sind für das Wachstum der Reissamen genauso wichtig wie die Arbeit des Menschen.
Die meisten Sorten wachsen in **sumpfigem Boden,** es gibt jedoch auch Reissorten, die mit wenig Wasser auskommen, sogenannter Trockenreis.

Reis und Gesundheit

- Reis liefert hochwertiges **Protein,** das alle acht essenziellen **Aminosäuren** enthält.
- 9 Prozent der Kalorien im Reis stammen aus **Kohlenhydraten.**
- Reis ist **fettarm,** 100 Gramm (gekocht) enthalten weniger als 1 Prozent Fett.
- Reis ist **cholesterinfrei, purin-, gluten-** und **natriumarm.**
- Menschen mit Allergien oder Nahrungsmittelunverträglichkeiten wie **Zöliakie/Sprue** können allergieauslösende Getreidebestandteile wie Cerealien, Nudeln und Mehl durch Reisprodukte ersetzen.
- Reis ist **leicht verdaulich** und damit ein wichtiger Bestandteil von speziellen Diäten, Schonkost für Kranke, ältere Menschen, Kinder und Kleinkinder.

GESCHÄLTER REIS

Nach dem Polieren enthält Reis überwiegend **Kohlenhydrate,** wenig Eisen, Jod, Magnesium und Phosphor und geringe Mengen an Proteinen und Fett.

Reissorten für Risotto

Zwischen Risotto, Pilaw und Sushi liegen Welten – nicht nur geografisch. Jedes Gericht, ob cremig oder locker, ob mild oder scharf, verlangt nach einer speziellen Reissorte.
Als Grundnahrungsmittel spielt Reis in der menschlichen Ernährung eine ebenso wichtige Rolle wie Weizen. Die einjährige Pflanze zählt wie Hafer, Weizen, Gerste und Roggen zu den Getreidepflanzen, unterscheidet sich aber stark von den übrigen Getreidearten. Das wesentliche Merkmal in diesem Zusammenhang ist die Zusammensetzung der Stärke, denn diese ist für die cremige, sämige Konsistenz eines Risottos verantwortlich.

Wildreis Roter Reis Venere-Reis

Arborio Carnaroli Vialone Nano

Im Folgenden sind die wichtigsten Risottoreissorten aufgeführt, die heute angeboten werden. Ständig werden neue Sorten gezüchtet, die die Sortenvielfalt beträchtlich erhöhen.

Arborio: Eine ausgesprochen beliebte Reissorte und fast überall erhältlich. Sie ist nach der gleichnamigen Ortschaft in der Provinz Vercelli (Piemont) benannt, wo sie 1948 erstmals gezüchtet wurde. Der Rundkornreis enthält besonders viel Amylose, eine Stärkeart, die beim Rühren die Garflüssigkeit bindet und den Risotto cremig macht. Deshalb darf man den Reis keinesfalls vor dem Kochen waschen.

TIPP

Da die Körner sehr groß sind, muss Arborio Reis mit besonderer Sorgfalt gekocht werden und anschließend, wenn der Topf von der Kochstelle genommen wird, noch einige Minuten ruhen. Diesen Vorgang, bei dem der Risotto nochmals cremiger und sämiger wird, nennt man **mantecare.**

Carnaroli: Eignet sich ausgezeichnet für alle Risottorezepte. Aufgrund seiner speziellen Stärkezusammensetzung bewahrt er seine Form und Textur besonders gut. Carnaroli-Reis lässt sich daher relativ einfach garen und neigt am wenigsten zum Verkochen.

Vialone Nano: Ist vor allem in der Gegend von Mantua und Verona beliebt. Er hat große, rundliche Körner. Man nimmt ihn für besonders cremige und glatte Risotti.

Weiters kennen wir noch Reissorten mit dem Namen Vialone Nano Gigante, Baldo, Originario, Padana und Mantelli, Ribe, Roma, Rosa Marchetti Baldo.

Venere-Reis: Der Legende nach wurde dieser Vollkornreis in China exklusiv für den Kaiser angebaut.

Seit etwa 1997 ist die Poebene im Piemont Hauptanbaugebiet in Europa.

Die länglichen, schwarz-violetten Körner haben einen nussigen Geschmack.

- Gekocht duften sie nach frisch gebackenem Brot mit einem Hauch Sandelholz

- Optisch und geschmacklich sind sie perfekt für Risotto, Paella, in Begleitung zu Curry und asiatisch gewürzten Gerichten.
- Venere-Reis erhalten Sie in italienischen Feinkostgeschäften.

Sushi-Rundkornreis: Die schneeweißen Körner, bei denen die wasserunlösliche Stärke überwiegt, müssen vor der Zubereitung gewaschen werden. Dafür sollten Sie den Reis so lange unter fließendem, lauwarmem Wasser abspülen, bis er klar abläuft. So werden Staub und ein Teil der wasserlöslichen Stärke entfernt. Außerdem quellen die Körner etwas auf und garen dann gleichmäßiger.

Roter Naturreis: Kommt meist aus der Camargue in Südfrankreich. Die rotbraune Pigmentierung erhält das nussig schmeckende Korn durch die tonhaltige Erde. Beim Kochen wird die Farbe intensiv rot, während das Innere weiß bleibt. Roten Reis finden Sie meist in Bioläden und Reformhäusern.

Wildreis: Wildreis kommt immer ungeschält in den Handel. Die langen, schlanken Gräsersamen werden vorher gedarrt, was ihnen eine dunkle Farbe und einen nussigen Geschmack verleiht. Verwendung findet der Reis vor allem als Beilage, oft gemischt mit normalem weißen Reis, aber auch als Risotto.

Reis-Qualitäten

Riso semifino: ganz kleines, längliches, rundes Korn, speziell für Minestrone und andere Suppen

Verwenden Sie unbedingt einen stärkehaltigen Rundkornreis (Carnaroli, Arborio). Dieser gibt während der Zubereitung genügend Stärke frei, damit seine Konsistenz cremig wird.

Riso fino: mittellanges, rundes Korn, kochfeste Risottosorte; unterteilt in die Sorten Vialone Nano, Ribe usw.

Riso superfino: langes, großes rundes Korn; unterteilt in die Sorten Arborio und Carnaroli

> **TIPP**
>
> In der ungeöffneten Packung ist roher Reis **zwei bis drei Jahre** haltbar. Naturreis bleibt bis zu **einem** Jahr haltbar.

Risotto und seine Verwendung

Risotto ist vielseitig verwendbar:

- Er eignet sich hervorragend als Partygericht, denn man kann ihn auch im Stehen nur mit der Gabel essen.
- Kinder mögen ihn gerne.
- Er kann teuer und extravagant oder preiswert und unkompliziert sein, ganz nach der persönlichen Präferenz.
- Und er ist unendlich verwandlungsfähig, wie man an den Rezepten sieht, die für dieses Buch gesammelt wurden.

Die Voraussetzungen für einen guten Risotto sind denkbar einfach

- die richtige Sorte Reis wie **Arborio, Carnaroli, Vialone Nano;**
- eine gute Brühe, mit Ausnahme einiger Rezepte, für die Wasser verwendet wird;
- ein Topf mit schwerem Boden in der richtigen Höhe und Breite;
- ein Kochlöffel, der gut in der Hand liegt;
- etwas Geduld: Gut Ding braucht Weile, und ein Risotto braucht etwa 20 Minuten Zeit zum Rühren. **Hinweis:** In jedem Rezept haben wir genau erklärt, wie dies vor sich geht, obwohl fast alle Risotti nach dem gleichen Prinzip zubereitet werden.

Risotto kochen

GLASIG KOCHEN ODER NICHT GLASIG?

Die weit verbreitete Methode, die **Reiskörner in Fett** (Butter oder Olivenöl) glasig werden zu lassen und erst dann nach und nach die Flüssigkeit zuzugeben, ist eine vergleichsweise moderne Zubereitungsart.

Das Kochen von Risotto ist weitaus älter, und in früherer Zeit wurde der Reis einfach zusammen mit den sonstigen Zutaten gekocht.
Es gibt keine festen Regeln dafür, wie die Textur eines Risottos beschaffen sein soll.

- Im Nordwesten Italiens – in der Lombardei und im Piemont – sind die Risotti verhältnismäßig trocken,
- während sie in der Region Veneto (Venetien) eher eine weichere, flüssige Konsistenz haben.

RISOTTO WILL GERÜHRT WERDEN

Ein perfekter Risotto verlangt vom Koch vor allem ein geduldiges, unermüdliches Rühren.

- Wenn der Reis ins heiße Fett kommt, müssen die Reiskörner durch und durch erhitzt werden.
- Damit das rasch, gleichmäßig und vor allem ohne Bräunen geschieht, darf der Reis keine Sekunde ruhig am Topfboden liegen.
- Während sich nun das heiße Fett, meist Olivenöl, mit der Reisstärke am und im Kern verbindet, geschieht für die **Konsistenz** eines Risottos etwas Grundlegendes: Die Reisstärke wird so verändert, dass der später mit der Suppe entstehende **Reisstärkebrei,** der natürlicherweise zäh und leimartig wäre, eine wunderbare cremige Konsistenz bekommt.
- Dann wird mit der Zugabe der Brühe begonnen. Rühren Sie so lange, bis die gesamte Brühe aufgebraucht ist.
- Gerührt wird jetzt aus zwei Gründen: Der Reis soll so viel Flüssigkeit wie möglich aufnehmen, und die durch die Flüssigkeit gequollene Stärke wird von der Reisoberfläche und aus den Randbereichen des Korns freigesetzt. Sie verteilt sich im Gericht und kann ihm damit eine weiche, samtige Beschaffenheit verleihen.

Glasig angeschwitzte Zwiebeln

Risotto muss fleißig gerührt werden.

- Je weiter man nach Osten kommt, desto lockerer und weicher scheinen die Risotti zu werden.

Hinweis: Stellen Sie also lediglich sicher, dass ihr Risotto am Ende der Garzeit so beschaffen ist, wie Sie ihn selbst am liebsten mögen!

MANTECARE (CREMIG RÜHREN)

Dieser Vorgang kommt in fast allen Rezepten vor und besagt, dass dem Risotto zuletzt **Butter** und geriebener **Parmesan** hinzugefügt werden. Mit einem Holzlöffel, dessen Löffelkelle mit einem ausgekerbten Loch versehen ist, wird alles gut durchmischt, damit der Risotto sämig wird. Wir nennen diesen Vorgang »cremig rühren«.

ALL'ONDA

Wenn man den Risotto ***all'onda*** serviert, bedeutet dies: Er ist so flüssig, dass er Wellen schlägt und Ähnlichkeit mit einer Suppe hat.

Was kann schief gehen?

Der häufigste Fehler bei der Zubereitung von Risotto ist wohl das **zu lange Kochen.** Scheuen Sie sich nicht, den Risotto von der Kochstelle zu nehmen, auch wenn die Reiskörner noch recht hart erscheinen.
Der Reis gart weiter, solange er noch heiß ist, und wird dann weich.
Es gibt verschiedene andere Dinge, auf die man ebenfalls achten muss.
Würzen: Damit der Risotto nicht zu kräftig oder zu wenig gewürzt ist, wird er abgeschmeckt, bevor man ihn auf die Seite zieht.
Zu trocken / zu flüssig: Mitunter gerät ein Risotto zu trocken oder zu flüssig und suppig. Um dies zu verhindern, darf man nur so lange Brühe in kleinen Mengen zugeben, bis der Risotto cremig, der Reis aber noch bissfest *(al dente)* ist.

Kochzubehör

Sie brauchen einen **Suppentopf** für die Suppe oder das heiße Wasser. Einen **Kochlöffel aus Holz,** der gut in der Hand liegt, mit dem Sie den Reis rhythmisch durchrühren.
Aber das Wichtigste ist der richtige **Topf zum Kochen des Risottos.** Er muss hoch und breit sein.

- Die besten Töpfe sind eher breiter als sie hoch sind. Achten Sie darauf, dass der Topf ausreichend groß ist, um den aufgequollenen Reis und die übrigen Zutaten aufzunehmen, ohne dass der Risotto beim Rühren überläuft.
- Außerdem sollte der Topf einen schweren, glatten Boden haben, damit der Risotto am Boden nicht zu heiß wird.
- Weniger gut geeignet ist ein Topf mit Antihaftbeschichtung, da der Risotto beim Garen durchaus ein wenig am Topfboden haften bleiben soll.

Risotto für Gäste

Wenn Sie Gästen einen Risotto servieren möchten, sollten Sie es **unbedingt vermeiden,** ihn vorzugaren und dann kurz vor dem Servieren fertigzustellen.
Dies ist eine schlechte Praxis und trägt ebenfalls dazu bei, den Ruf dieses

[1] Öl [2] fein geschnittene Zwiebeln [3] Rundkornreis [4] Suppe [5] Weißwein [6] kalte Butter [7] frisch geriebener Parmesan und natürlich einen passenden Topf und Holzlöffel benötigen Sie für einen perfekten Risotto.

außergewöhnlich leckeren Gerichtes zu schädigen.
Auf der Speisekarte mancher Restaurants steht in Klammern hinter dem Risotto »20 Minuten«, was bedeutet, dass der beliebte Risotto jeweils frisch in der dafür notwendigen Zeit zubereitet wird.
Hinweis: Haben Sie Gäste zu einem Risottoessen eingeladen, können Sie die Zwiebeln und/oder den Knoblauch im Voraus dünsten und alle übrigen Zutaten bereitstellen.

Risotto essen

Risotto sollte immer mit der Gabel aus einem Suppenteller oder dessen italienischer Variante, der *fondina*, gegessen werden. Man häuft den Risotto in der Tellermitte zu einem »Berg« und zieht ihn dann, Gabel für Gabel, mit dem Rücken der Zinken nach außen zum Tellerrand.
Es ist auch erlaubt, den Risotto mit dem Gabelrücken auf dem Teller flach zu drücken, da man ihn auf diese Weise nicht nur besser auf die Gabel bekommt und zum Mund führen kann, sondern weil er dann auch rascher abkühlt.

TIPPS

- In Italien wird Risotto als Vorspeise serviert, in seltenen Fällen auch als Beilage zu einem Hauptgericht. So reicht man beispielsweise Risotto alla milanese häufig zu Ossobuco.
- Bei der heutigen Vorliebe für kleinere Portionen – speziell außerhalb Italiens – kann Risotto mitunter auch den Hauptgang oder gar die komplette Mahlzeit darstellen und wird dann mit Salat gereicht.

Zu viel Risotto gekocht?

- Aus übrig gebliebenem Risotto lässt sich der **»Risotto in padella«** zubereiten. Dazu wird der Risotto in sehr heißem Öl oder Butter in der Pfanne gebraten und zu einem dicken Pfannkuchen flach gedrückt. Ist die Unterseite goldbraun und knusprig, den Reiskuchen wenden und auf der zweiten Seite bräunen.
- Man kann den kalten, übrig gebliebenen Risotto auch mit einigen verquirlten (verschlagenen) Eiern vermengen und eine Art **»Risotto-Frittata«** daraus machen. Das Ei hält den Reiskuchen zusammen, sodass er sich einfacher wenden lässt.
- Eine weitere Möglichkeit ist, aus dem übrig gebliebenen Risotto walnussgroße **Bällchen** zu formen und etwas Mozzarella in die Mitte des Bällchens zu schieben. Die entstandenen Löcher mit etwas Risotto verschließen und die Bällchen zum Panieren in Ei und Brotbrösel wenden, dann frittieren und heiß oder lauwarm als eine Art Imbiss servieren.

Brühe als Aufguss

Man kann nicht oft genug betonen, wie wichtig ein guter Aufguss für einen Risotto ist. Hat man eine erstklassige Brühe, ist es praktisch unmöglich, einen schlechten Risotto mit fadem Geschmack zu kochen. In allen Rezepten ist angegeben, welche Art von Brühe wir für die beste halten.

Italiens Märkte bieten Gemüse, Kräuter, Gewürze und Obst von bester Qualität für die Zubereitung der Risotto-Kreationen und -Variationen.

Mit [1] Kalbskarree, [2] Hähnchen und [3] Kaninchen lassen sich delikate Risotti zubereiten.

[1] Krake/Oktopus · *polipo* [2] Gemeiner Tintenfisch · *seppia* [3] Kalmar · *calamaro*

Für Gemüse- und Kräuterrisotto

Bei Gemüse- und Kräuterrisotto-Rezepten werden vorwiegend Gemüsebrühen oder dem Gemüse entsprechende Brühen verwendet, zum Beispiel Spargelbrühe für den Spargelrisotto.

Für Fleisch- und Geflügelrisotto

Bei Risotto-Rezepten mit Fleisch oder Geflügel werden vorwiegend Gemüse-, Geflügel- oder Fleischbrühen verwendet.
Es ist weitaus besser, eine nicht zu kräftige Brühe zu verwenden als eine geschmacklich dominante Brühe mit besonders intensiven Aromen. Auch bei Risotto mit Wild oder Wildgeflügel sind eher leichte Brühen zu verwenden, da sonst der Eigengeschmack verloren geht.

Für Fischrisotto

Bei manchen Rezepten, etwa bei einem Fischrisotto, liegt es auf der Hand, dass eine Fisch- oder Gemüsebrühe besser mit den übrigen Zutaten harmoniert als eine Rinderbrühe.
Bei anderen Rezepten ist die richtige Wahl der Brühe schwieriger.
Führen Sie sich in diesen Fällen die geschmackliche Zusammensetzung ihres Risottos vor Augen und wählen Sie auf dieser Basis eine dazu passende Brühe.

Die Kunst des Würzens

Der Einsatz von **Kräutern** und **Gewürzen** ist eine Wissenschaft für sich. Es gibt hunderte Aromen, die, oft nur äußerst sparsam eingesetzt, einer Speise das gewisse Etwas verleihen und vollen Genuss erst erlebbar machen.
Würzen verlangt viel Fingerspitzengefühl. Es soll die Grundzutat einer Speise hervorheben oder ergänzen, niemals aber überdecken.
Das abschließende Abschmecken dient der Abrundung und Feinabstimmung, meist mit Gewürzen, die sofort ihre Wirkung entfalten, etwa Salz, Pfeffer, Butter und Parmesan.

FLÜSSIGKEITSMENGE FÜR RISOTTO

In allen Rezepten ist eine bestimmte Menge an Brühe angegeben, mitunter braucht man etwas weniger oder auch mehr Flüssigkeit. Abhängig ist dies von der **Kochtemperatur**, der **Form** und **Größe des Topfes**, der verwendeten **Reissorte** und den sonstigen Zutaten wie **Wein** oder auch **Saft** von Früchten und Gemüse.
Reicht die vorhandene Brühe nicht aus, können Sie heißes Wasser nehmen oder – falls vorhanden – etwas zusätzlichen Fond erhitzen, um den Risotto fertig zu kochen.
Unabhängig davon, wofür Sie sich entscheiden, sollten Sie stets daran denken, dass jedes Reiskorn das **Fünffache** seines eigenen Volumens an Flüssigkeit absorbieren kann und das Aroma der Brühe daher vollständig von den Reiskörnern aufgenommen wird.

Wasabi, eine mit Kren nicht verwandte Knolle, gedeiht im Norden Japans auf Kiesböden an quellfrischen Bächen.

Chili/ Peperoncino

Würzregeln

- Geschmacksgeber wie Zwiebeln oder Lorbeer sollten während der **gesamten Kochzeit** mitkochen, damit sich das Aroma entfaltet.
- Frische Kräuter wie Petersilie, Kerbel und Schnittlauch hingegen werden nach Möglichkeit immer erst **kurz vor Ende** der Garzeit zugegeben. Nur so kann der Nährwert von Kräutern möglichst erhalten bleiben, und nur so entfalten sie ihre fruchtigen Aromen.
- Gewürze wie Knoblauch, Zitronenschale, Muskatnuss, Pfeffer und Koriander sollten **gar nicht mitgekocht** werden, da ansonsten die ätherischen Öle verloren gehen.
- **Dosieren** Sie Gewürze und Kräuter nach dem Motto »weniger ist mehr«, so entwickeln Sie das Gefühl, was gut und wie viel miteinander harmoniert.

Pikante Reiszutaten

In der asiatischen Küche spielt Reis eine unverzichtbare Rolle. Besonders aromatisch werden Risotti mit würzig-scharfen Zutaten wie:

Chili: Die spanischen Eroberer brachten einst die kleinen Paprikagewächse aus Südamerika bis nach Asien und Europa. Heute ist Chili aus der Küche nicht mehr wegzudenken. Ob rot, grün oder gelb – scharf sind fast alle.

Ingwer: Die knolligen Wurzeln des Ingwergewächses schmecken scharf und würzig mit einer leicht süßlichen Aromanote.

Ingwer

DER PERFEKTE RISOTTO – SO GEHT'S

Einen Risotto zu kochen ist einfach und kompliziert zugleich. Die Zubereitung verlangt Erfahrung, Fingerspitzengefühl und Ausdauer. Der typische Risotto ist cremig, ja beinahe flüssig, der Reis muss bissfest *(al dente)* gegart sein. Machen Sie es wie in Italien! Dort heißt es treffend: **Die Gäste müssen auf den Risotto warten, nicht umgekehrt.**

- Als **Vorspeise** rechnet man etwa 50 g Risotto-Reis pro Person. Als **Hauptgericht** sind 100 g Risotto-Reis der Richtwert.
- Den Reis vor dem Kochen **nicht abspülen,** die anhaftende Stärke macht den Risotto schön cremig.
- Die Zwiebel oder Schalotte sollte beim Andünsten **keine Farbe** annehmen.
- Die Brühe kochend heiß schöpferweise immer dann zugeben, wenn die Flüssigkeit **vollständig aufgesogen** ist.
- Je nach Reissorte beträgt die Garzeit **15–20 Minuten** (ab dem ersten Angießen der Brühe gerechnet). Der Reis ist dann etwa um das Dreifache aufgequollen und hat innen noch einen festen Kern *(al dente)*.
- Für 500 g Reis werden etwa 1 1/2 l Suppe benötigt.
- Beim Fertigstellen auch **ständig rühren,** um jedes Korn gut mit Butter oder Öl zu umhüllen.
- Risotto immer **sofort** servieren, da der Reis nachquillt.
- Risotto sollte immer körnig, weich und cremig sein.

Wasabi: Die hellgrüne Wurzel wächst wild in Japan und wird geschmacklich oft mit europäischem Meerrettich verglichen. Wasabi ist jedoch deutlich schärfer.

Risotto-Variationen

Italien baut seit vielen Generationen Reis in mehreren Regionen an, besonders in der Poebene. Dies mag ein Grund sein, warum die Italiener wissen, wie man Risotto kocht und kombiniert. Fast alle Zutaten – Gemüse, Käse, Pilze, Kräuter, Fisch, Fleisch, Früchte usw. – lassen sich hervorragend mit Reis kombinieren.

Risotto mit Gemüse

Viele der zahllosen Rezepte für Gemüse risotto lassen sich am besten im Sommer zubereiten, da die Auswahl an Gemüse wie Tomaten, Zucchini oder Artischocken in dieser Jahreszeit besonders groß ist. Was jedoch nicht bedeutet, dass Herbst- und Wintergemüse wie Kürbis, Kohl, Kartoffeln,

Mit frischem Gemüse aus dem Garten und Pilzen lassen sich schmackhafte Risotti zubereiten.

Mangold, Spinat usw. weniger gut schmecken.
Lassen Sie sich beim Einkauf für einen Gemüserisotto von Ihrem eigenen Empfinden für Farben und Gerüche, Aussehen und Aroma der angebotenen Produkte inspirieren. Verwenden Sie das Gemüse, das am meisten verlockt und stellen Sie auf dieser Basis Ihren Risotto zusammen.
Findet sich das von Ihnen gewählte Gemüse nicht in der hier vorgestellten Rezeptsammlung, dann verändern Sie einfach ein ähnliches Rezept, z. B. verwenden Sie für Spargelrisotto (mit weißem Spargel) einfach grünen oder wilden Spargel.

RISOTTO ALLA MILANESE

Dieser Risotto, eine Mailänder Spezialität, wurde nach Zefferano, einem italienischen Maler des 16. Jahrhunderts benannt, der für die Herstellung seiner Farben viel Safran verwendet hat.
An seinem Hochzeitstag servierte man ihm zu Ehren einen Safranrisotto, der mit einem Blatt aus Gold dekoriert wurde. Dazu verwendeten die Köche damals die begehrten **Safranfäden**, die weit aromatischer sind als etwa gemahlener Safran.
Vor der Verwendung lässt man die Safranfäden ein paar Minuten in etwas Brühe oder Wasser aufweichen.

Risotto mit Kräutern

Risotto mit Kräutern wie Bärlauch, Kerbel, Basilikum, Rosmarin, Estragon, Rucola usw. ist etwas besonders. Sie brauchen nur eine Handvoll frischer Kräuter, Reis, Brühe, Parmesan und Butter.

Risotto mit Käse

Die einfachste Art, Risotto zu kochen.
Risotto mit **Butter** und **Parmesan** eignet sich bestens, die eigenen Fähigkeiten der Risotto-Zubereitung zu testen.
Rezepte mit **Gorgonzola** und **Fontina** zeigen, wie man Risotto zubereiten kann, der neben Reis und Suppe kaum mehr als kräftigen Käse enthält. Wählen Sie auf jeden Fall Käse mit viel Aroma, da der Risotto sonst fad und langweilig wird.

Mit frisch geriebenem Parmesan schmeckt der Risotto noch um einiges besser.

Sommer verwenden e frische Pfifferlinge r den Risotto.

Steinpilze putzen Sie am besten mit einem Küchentuch.

Mit einem aus Morcheln zubereiteten Risotto werden Sie die Gäste überraschen.

Frischer gehobelter Trüffel auf einem Risotto ist eine Delikatesse.

PARMESAN

In Italien gibt es zwei unverwechselbare Käsesorten, den **Parmigiano Reggiano** und den **Grana Padano.** Beide Käsesorten geben dem Risotto seinen spezifischen Geschmack und die erwünschte Sämigkeit. Die Bezeichnung ist jeweils in die Rinde eingebrannt (eingraviert).

- Hergestellt werden beide Käse nach dem gleichen Verfahren – der Parmigiano Reggiano in der Gegend um Reggio Emilia, der Grana Padano in der Poebene.
- Der Parmigiano Reggiano muss 24 Monate reifen, der Grana Padano benötigt nur zwölf Monate zur Reifung.
- Der Grana Padano ist weniger gesalzen und etwas milder.

Risotto mit Pilzen und Trüffeln

Risotto mit Pilzen wie **Steinpilzen, Pfifferlingen, Morcheln** und **Champignons** gehört wohl zu den beliebtesten Risottogerichten. Wenn keine frischen Steinpilze vorhanden sind, kann man auch auf getrocknete Pilze zurückgreifen. Sie haben ein besonders intensives Aroma.
Trüffel und perfekt zubereiteter Risotto scheinen wie füreinander geschaffen zu sein. Es gibt nur drei oder vier Gerichte, die dem kräftigen und geheimnisvollen Aroma von Trüffeln gerecht werden: Fettuccine mit Trüffeln, cremige Trüffelpolenta, frische Eier mit Trüffeln und eben Risotto mit frisch gehobelten Trüffeln.

TRÜFFEL

Bei den Trüffeln ist alles ungewöhnlich: das Aroma, die Farbe, ihr Vorkommen und auch ihr Preis.
Weißer Alba-Trüffel: Im Piemont gibt es die berühmten weißen Alba-Trüffel. Ihr Aroma ist sehr intensiv und exklusiv, der Preis aber auch sündhaft teuer. **Sommertrüffel** hingegen sind preisgünstiger. Sie verbergen unter ihrer festen und durchfurchten Kruste ein wahrhaft gutes Aroma.

Pfifferlingrisotto – ein wahrer Genuss

Risotto mit Fisch und Meeresfrüchten

Zum Inhalt dieses Kapitels möchten wir nur ein Wort sagen: »Frische«. Fangfrischer und »alter« Fisch unterscheiden sich im Geschmack wie Tag und Nacht. Sie sollten niemals Fisch verwenden, der nicht absolut frisch ist.

Risotto mit Fleisch und Geflügel

Bei der Zubereitung eines Risottos mit Fleisch ergeben sich folgende Überlegungen:

- Einmal können verschiedene Fleisch- oder Geflügelteile mit dem Risotto zusammen gekocht werden, z. B. Schweine-, Kalbs- oder Geflügelgeschnetzeltes.
- Dann werden Risotti mit kurz gebratenen Fleischstücken wie Medaillons, Filets, Brüstchen, Lammkoteletts, Gänsestopfleber usw. serviert.
- Geschmorte Fleischteile wie Kalbswange, Rehschulter und Kaninchenkeule können als Geschmackskomponente zusammen mit Risotti serviert werden.
- Innereien und Würste, z. B. Hühnerleber und Hühnerherzen, Salsiccia und Luganega, sind aus der italienischen Küche nicht wegzudenken.

Risotto mit Früchten, Wein, Sekt

Wir wissen, wie verrückt diese Idee klingt, einen Risotto mit Früchten zuzubereiten und ihn dann als Vorspeise zu servieren. Doch wer jemals Erdbeerrisotto, Apfelrisotto, Orangen- oder Zitronenrisotto gegessen hat, weiß wovon wir sprechen!

Das Sprichwort »Reis wird in Wasser geboren, muss jedoch in Wein sterben« sagt uns, dass Reis außerordentlich gut mit Wein und Sekt harmoniert.

Zutaten wie frische Scampi (Kaisergranat), Artischocken, Zucchiniblüten, Spargel, Kirschtomaten usw. sind schnell gekocht und ergeben köstliche Geschmacksrichtungen in Risotti.

[1] Reis Trauttmansdorff [2] Reistorte [3] Reiscreme – all das kann man aus süßem Reis zubereiten.

Risotto und Wein

Welcher Wein passt zu welchem Risotto? Gekochter Reis hat einen neutralen bis leicht süßlichen Eigengeschmack. Aus dieser Warte betrachtet, eignen sich hervorragend Weine mit einer konsistenten Säure, eventuell auch kohlensäurehaltig – also **Weiß-** und **Schaumweine.** Mit ihnen greifen Sie selten daneben, passen sie doch zu sehr vielen Risotti.

Doch die immense Geschmacksvielfalt der Risottogerichte liegt ja gerade in der Vielfalt der verwendeten Zutaten begründet. Es ist also sinnvoll, den Wein auf die dominierende Geschmackskomponente im Risotto abzustimmen. Zu einem würzigen Risotto mit Fleisch und einer komplexen Sauce kann beispielsweise durchaus ein kräftiger, strukturierter Rotwein wie **Sangiovese** (Chianti, Rosso/Nobile di Montepulciano, Rosso/Brunello di Montalcino), **Nebbiolo** (Barbaresco, Barolo) oder – warum nicht – **Südtiroler Lagrein** gereicht werden. Dasselbe gilt für die gebackenen Arancini (Reisorangen). Leichtere, junge, nicht zu tanninhaltige Rotweine wie **Blauburgunder** oder **Barbera** harmonieren als Begleiter zu Risotti mit Salsiccia, der klassischen italienischen Schweinswurst. Grundsätzlich gilt: Der Wein, den Sie zum Kochen eines Risottos verwenden (z. B. Champagnerrisotto, Risotto mit Barolo), passt nachher auch als Begleiter im Glas.

Weinlager der speziellen Jahrgänge im Felsenkeller des Land- und Forstwirtschaftlichen Versuchszentrums Laimburg

Gemüserisotto

Für 4 Personen

Zutaten

40 g	Karotten
40 g	Stangensellerie
40 g	Zucchini
40 g	gelbe und rote Peperoni
50 g	Zwiebeln
1	Knoblauchzehe
2 EL	Olivenöl
240 g	Rundkornreis (Arborio, Carnaroli oder Vialone Nano)
50 ml	Weißwein
1 l	heiße Gemüsebrühe (siehe Seite 76) oder Wasser
	Salz
	weißer Pfeffer aus der Mühle
2 EL	kalte Butter
40 g	Parmesan, gerieben

Weiteres

4	Kräutersträußchen zum Garnieren (Dill, Kerbel)

etwa 18 Minuten

Zubereitung

(siehe vordere Umschlag-Innenseite)

- Karotten und Stangensellerie putzen, waschen, schälen und zusammen mit Zucchini und Peperoni in kleine Würfel schneiden.
- Zwiebeln und Knoblauch schälen, klein schneiden und in Olivenöl dünsten.
- Gemüsewürfel dazugeben und ebenfalls dünsten.
- Reis hinzufügen, mit Weißwein ablöschen und nach und nach mit heißer Gemüsebrühe aufgießen. Mit Salz und Pfeffer würzen.
- Unter ständigem Rühren kochen lassen.
- Der Risotto soll bissfest *(al dente)*, seine Konsistenz aber cremig sein.
- Mit kalter Butter und mit etwas Parmesan verfeinern.
- Mit restlichem Parmesan und Kräutersträußchen garnieren und servieren.

TIPPS

1. *Zum Aufgießen können Sie auch Geflügelbrühe verwenden.*
2. *Wer den Risotto etwas feiner liebt, kann zum Schluss etwas flüssige oder geschlagene Sahne hinzufügen.*
3. *Anderes geeignetes Gemüse, je nach Jahreszeit: Spargel, Tomaten, Wirsing, Blumenkohl, Erbsen, Champignons usw.*

Spargelrisotto

FÜR 4 PERSONEN

Zutaten

400 g	weißer Spargel
50 g	Zwiebeln
40 g	Butter
80 ml	Weißwein
240 g	Rundkornreis (Arborio, Carnaroli oder Vialone Nano)
1 l	heiße Gemüsebrühe (siehe Seite 76) oder Spargelbrühe (Kochwasser der Spargelschalen)
	Salz
	Pfeffer aus der Mühle
20 g	Parmesan, gerieben
20 g	kalte Butter

Weiteres

1 EL	Gartenkresse zum Garnieren

etwa 18 Minuten

Zubereitung

- Spargel waschen, von der Spitze zum Schnittende mit einem Spargelschäler schälen.
- Gesamten Spargel in schräge, 1 cm lange, Scheiben schneiden.
- Zwiebeln schälen, in kleine Würfel schneiden und in Butter dünsten. Spargelscheiben dazugeben und mit Weißwein ablöschen.
- Reis dazugeben und unter ständigem Rühren erhitzen, nach und nach mit heißer Gemüsebrühe aufgießen und kochen lassen.
- Der Risotto soll bissfest *(al dente)*, seine Konsistenz aber cremig sein.
- Mit Salz und Pfeffer abschmecken.
- Mit Parmesan und kalter Butter verfeinern und mit Gartenkresse garnieren und servieren.

VARIATION

Spargelrisotto mit Ziegenkäse: Geben Sie kurz vor dem Servieren 100 g zerbröckelten Ziegenkäse zum Risotto, da die Bitterstoffe des Spargels hervorragend mit Ziegenkäse harmonieren.

TIPPS

1. *Es kann sowohl weißer als auch grüner Spargel verwendet werden.*
2. *Der Risotto eignet sich hervorragend als Beilage zu gebratenem Fisch (Rotbarbe, Wolfsbarsch, Zander usw.).*

Risotto mit Erbsen und Zitronenthymian

FÜR 4 PERSONEN

Zutaten

80 g	Schalotten
2 EL	Öl
300 g	Rundkornreis (Arborio, Carnaroli oder Vialone Nano)
50 ml	Weißwein
1 l	heiße Gemüsebrühe (siehe Seite 76) oder Wasser
	Salz
	Pfeffer aus der Mühle
120 g	Erbsenpüree (gekochte Erbsen, fein gemixt und passiert)
100 g	gekochte Erbsen
40 g	kalte Butter
30 g	Parmesan, gerieben
1 TL	Zitronenthymian, fein geschnitten

Weiteres

4	Zitronenthymianzweige zum Garnieren

etwa 18 Minuten

Zubereitung

- Schalotten schälen, fein schneiden und in Öl leicht dünsten.
- Reis dazugeben und bei milder Hitze unter ständigem Rühren glasig werden lassen.
- Mit Weißwein ablöschen und die Flüssigkeit völlig einkochen lassen.
- Nach und nach mit heißer Gemüsebrühe aufgießen, sodass der Reis immer mit Flüssigkeit bedeckt ist.
- Unter ständigem Rühren kochen lassen.
- Der Risotto soll bissfest *(al dente)*, seine Konsistenz aber cremig sein.
- Mit Salz und Pfeffer abschmecken.
- Erbsenpüree und Erbsen dazugeben und mit kalter Butter, Parmesan und Zitronenthymian verfeinern.
- Mit Zitronenthymianzweigen garnieren und servieren.

TIPPS

1. *Der Risotto eignet sich auch als Grundlage zu gebratenem Fisch (Forelle, Saibling, Karpfen, Zander usw.).*
2. *Anstelle der Erbsen können Sie auch Broccoli verwenden.*

Risotto mit Peperoni und Kaffee

FÜR 4 PERSONEN

Zutaten

½	rote Peperoni
½	gelbe Peperoni
1 EL	Kapern
2 EL	Oliven aus Ligurien (Taggiasche)
2 EL	Olivenöl
	Salz
80 g	Zwiebeln
2 EL	Öl
240 g	Rundkornreis (Arborio, Carnaroli oder Vialone Nano)
50 ml	Weißwein
1 l	heiße Gemüsebrühe (siehe Seite 76) oder Wasser
1 TL	grob gemahlener Kaffee
	Salz
	Pfeffer aus der Mühle
40 g	kalte Butter
30 g	Parmesan, gerieben

etwa 18 Minuten

Zubereitung

- Peperoni mit einem Sparschäler schälen, putzen und in kleine Würfel schneiden.
- Kapern und Oliven grob hacken.
- Peperoni in Olivenöl dünsten, Oliven und Kapern dazugeben, vermischen, salzen und bereitstellen.
- Zwiebeln schälen, fein schneiden und in Öl leicht dünsten.
- Reis dazugeben und bei milder Hitze unter ständigem Rühren glasig werden lassen.
- Mit Weißwein ablöschen und die Flüssigkeit völlig einkochen lassen.
- Nach und nach mit heißer Gemüsebrühe aufgießen, sodass der Reis immer mit Flüssigkeit bedeckt ist.
- Unter ständigem Rühren kochen lassen.
- Der Risotto soll bissfest *(al dente)*, seine Konsistenz aber cremig sein.
- Das Peperoni-Oliven-Kapern-Gemisch und etwas vom gemahlenen Kaffee unterrühren.
- Mit Salz und Pfeffer abschmecken.
- Mit kalter Butter und Parmesan verfeinern.
- Den Risotto anrichten und mit restlichem Kaffee bestreuen und servieren.

TIPPS

1. *Der Risotto eignet sich hervorragend als Grundlage zu gebratenem Geflügel.*
2. *Anstelle der Peperoni können Sie auch Spargel verwenden.*

Kürbisrisotto mit Amaretti und Balsamico

FÜR 4 PERSONEN

Kürbisrisotto

400 g	Speisekürbis
	Salz
	Pfeffer aus der Mühle
1 EL	Amarettolikör
1 TL	Thymian
80 g	Zwiebeln
2 EL	Öl
240 g	Rundkornreis (Arborio, Carnaroli oder Vialone Nano)
50 ml	Weißwein
1 l	heiße Gemüsebrühe (siehe Seite 76) oder Wasser
40 g	kalte Butter
30 g	Parmesan, gerieben
20 g	Amarettikekse, grob zerbröselt

Ziegenkäsekräcker

8	dünne Weißbrotscheiben
4	Ziegenkäsescheiben
1 EL	Öl zum Backen

Weiteres

1 EL	alter Balsamicoessig zum Garnieren

Kürbis:
etwa 170 Grad — etwa 20 Minuten
etwa 170 Grad — etwa 20 Minuten

Risotto: etwa 18 Minuten

Ziegenkäsekräcker:
etwa 180 Grad
etwa 2 Minuten

Kürbisrisotto

- Speisekürbis schälen, in kleine Würfel schneiden, mit Salz, Pfeffer, Amarettolikör und Thymian würzen, in eine Alufolie geben und gut verschließen.
- Im Backofen langsam garen lassen.
- Zwiebeln schälen, fein schneiden und in Öl leicht dünsten.
- Reis dazugeben und bei milder Hitze unter ständigem Rühren glasig werden lassen.
- Mit Weißwein ablöschen und die Flüssigkeit völlig einkochen lassen.
- Nach und nach mit heißer Gemüsebrühe aufgießen, sodass der Reis immer mit Flüssigkeit bedeckt ist.
- Unter ständigem Rühren kochen lassen.
- Der Risotto soll bissfest *(al dente)*, seine Konsistenz aber cremig sein.
- Mit Salz und Pfeffer abschmecken, mit Kürbiswürfeln, kalter Butter, Parmesan und Amarettikeksen verfeinern.

Ziegenkäsekräcker

- Weißbrotscheiben mit Ziegenkäse füllen und in einer Pfanne in heißem Öl backen.

Fertigstellung

- Den Risotto mit Ziegenkäsekräcker und ein paar Tropfen Balsamicoessig garnieren und servieren.

TIPPS

1. *Der Risotto eignet sich hervorragend als Grundlage zu gebratenem Geflügel wie Hühnerbrust, Entenbrust, Wachtelbrüstchen oder Gänsestopfleber.*
2. *Anstelle des Amarettolikörs können Sie Weißwein oder Vino Santo verwenden.*

Artischockenrisotto mit Pesto

FÜR 4 PERSONEN

Zutaten

- 4 Artischocken
- 80 g Zwiebeln
- 1 Knoblauchzehe
- 2 EL Öl
- 300 g Rundkornreis (Arborio, Carnaroli oder Vialone Nano)
- 50 ml Weißwein
- 1 l heiße Gemüsebrühe (siehe Seite 76) oder Wasser
- Salz
- Pfeffer aus der Mühle
- 40 g kalte Butter
- 30 g Parmesan, gerieben

Basilikumpesto

- 2 EL Petersilie
- 1 EL Basilikum
- 1 EL Pinoli
- 1 Knoblauchzehe
- 4 EL Olivenöl
- Salz

Weiteres

- 4 gebackene Artischockenscheiben zum Garnieren

etwa 18 Minuten

Zubereitung

- Stiele und alle dunklen Außenblätter der Artischocken entfernen, die Blattspitzen großzügig abschneiden und den Flaum aus dem Inneren der Artischocke herausstechen. Nun die Artischocken in mittelgroße Stücke schneiden (eventuell in Zitronenwasser legen, damit sie nicht braun werden).
- Zwiebeln und Knoblauch schälen, fein schneiden und in Öl leicht dünsten.
- Artischocken dazugeben und leicht mitdünsten.
- Reis beigeben und bei milder Hitze unter ständigem Rühren glasig werden lassen.
- Mit Weißwein ablöschen und die Flüssigkeit völlig einkochen lassen.
- Nach und nach mit heißer Gemüsebrühe aufgießen, sodass der Reis immer mit Flüssigkeit bedeckt ist.
- Unter ständigem Rühren kochen lassen.
- Der Risotto soll bissfest *(al dente)*, seine Konsistenz aber cremig sein. Mit Salz und Pfeffer abschmecken und mit kalter Butter und Parmesan verfeinern.

Basilikumpesto

- Alle Zutaten im Mixer fein pürieren.

Fertigstellung

- Den Risotto mit Basilikumpesto verfeinern. Mit gebackenen Artischockenscheiben garnieren und servieren.

TIPPS

1. *Der Risotto eignet sich hervorragend als Grundlage zu gebratenem Fisch (Drachenkopf, Kabeljau, Makrele usw.).*
2. *Anstelle der Artischocken können Sie auch Topinambur verwenden.*

Risotto mit Cime di Catalogna

FÜR 4 PERSONEN

Zutaten

400 g	Cime di Catalogna (Spargelzichorien)
50 g	Zwiebeln
40 g	Butter
4	Sardellenfilets in Öl, fein gehackt
50 ml	Weißwein
240 g	Rundkornreis (Arborio, Vialone Nano oder Carnaroli)
1 l	heiße Gemüsebrühe (siehe Seite 76) oder Wasser
	Salz
	Pfeffer aus der Mühle
50 ml	sehr kaltes Olivenöl
1 EL	Parmesan, gerieben
1 EL	Petersilie, fein geschnitten
1	Knoblauchzehe, fein gehackt

Weiteres

4	Sardellenfilets in Öl zum Garnieren
1 EL	Olivenöl zum Garnieren

etwa 18 Minuten

Zubereitung

- Cime di Catalogna waschen und in schräge, 1 cm lange Scheiben schneiden.
- Zwiebeln schälen, in kleine Würfel schneiden und in Butter dünsten.
- Sardellenfilets und Cime-di-Catalogna-Scheiben dazugeben und mitdünsten, dann mit Weißwein ablöschen.
- Reis dazugeben und unter ständigem Rühren erhitzen, nach und nach mit heißer Gemüsebrühe aufgießen und kochen lassen.
- Mit Salz, Pfeffer, sehr kaltem Olivenöl, Parmesan, Petersilie und Knoblauch verfeinern.
- Mit Sardellenfilets und Olivenöl garnieren und servieren.

TIPPS

1. *Anstelle der Cime di Catalogna können Sie Karde, Bitterbroccoli, Mangold oder wilden Spargel verwenden.*
2. *Mit eiskaltem Olivenöl bindet der Risotto besser und der Olivenölgeschmack kommt stärker zur Geltung.*
3. *Ergänzen Sie den Risotto mit Lardo di Colonnata oder Bauchspeck.*

Wildkräuter-Risotto mit Wachtelbrüstchen

FÜR 4 PERSONEN

Wildkräuter-Risotto

- 40 g Zwiebeln
- 40 g Butter
- 300 g Rundkornreis (Arborio, Vialone Nano oder Carnaroli)
- 80 ml Weißwein
- 1 l heiße Fleischsuppe oder Wasser
- Salz
- Pfeffer aus der Mühle
- 4 EL Wildkräuter (z. B. Sauerklee, Bohnenkraut und Löwenzahn) oder Küchenkräuter
- 2 EL kalte Butter
- 30 g Parmesan, gerieben

Wachtelbrüstchen

- 8 Wachtelbrüstchen
- Salz
- Pfeffer aus der Mühle
- 2 EL Butter

Weiteres

- 4 EL gezupfte Wildkräuter (Sauerklee, Bohnenkraut und Löwenzahnblätter) zum Garnieren

Risotto: etwa 18 Minuten
Wachtelbrüstchen: etwa 6 Minuten

Wildkräuter-Risotto

- Zwiebeln schälen und fein schneiden.
- Butter in einem Topf schmelzen lassen und Zwiebeln darin dünsten, ohne dass sie braun werden.
- Reis dazugeben und bei milder Hitze unter ständigem Rühren glasig werden lassen.
- Mit Weißwein ablöschen und die Flüssigkeit völlig einkochen lassen.
- Nach und nach mit heißer Fleischsuppe aufgießen und immer wieder umrühren. Der Reis darf nur leicht mit der Fleischsuppe bedeckt sein, salzen und pfeffern.
- Inzwischen die Wildkräuter abzupfen, kurz waschen und nicht zu fein schneiden.
- Wenn der Reis gekocht *(al dente)* ist, die geschnittenen Wildkräuter untermengen und mit kalter Butter und Parmesan verfeinern.

Wachtelbrüstchen

- Die Wachtelbrüstchen salzen und pfeffern und in Butter auf beiden Seiten langsam braten.

Fertigstellung

- Die gebratenen Wachtelbrüstchen auf den Risotto legen, mit Bratensaft übergießen, mit gezupften Wildkräutern garnieren und sofort servieren.

TIPPS

1. *Versuchen Sie den Wildkräuterrisotto ohne Parmesan zuzubereiten, so kommen die Aromen viel besser zur Geltung.*
2. *Sie können auch noch andere Kräuter verwenden, z. B. Bärlauch, Brennnessel, Sauerampfer, oder den Risotto nur mit fein gehacktem Rosmarin würzen.*
3. *Anstelle der Wachtelbrüstchen verwenden Sie Hühner-, Perlhuhn- oder Truthahnbruststreifen.*

Bärlauchrisotto

FÜR 4 PERSONEN

Risotto

- 80 g Zwiebeln
- 2 EL Öl
- 320 g Rundkornreis (Arborio, Vialone Nano oder Carnaroli)
- 50 ml Weißwein
- 1 l heiße Gemüsebrühe (siehe Seite 76) oder Wasser
- Salz
- Pfeffer aus der Mühle

Bärlauchpesto

- 60 g Bärlauch
- 1 EL Petersilie
- 1 EL Pinoli
- 1 Knoblauchzehe
- 4 EL Olivenöl
- Salz

Gebackene Bärlauchblätter

- 50 g Tempuramehl oder Weizenmehl
- 50 ml kaltes Wasser
- Salz
- 4 kleine Bärlauchblätter
- Backfett

Weiteres

- 40 g kalte Butter
- 30 g Parmesan, gerieben
- 4 EL Frischkäse (Ziegenkäse oder Ricotta) zum Garnieren

Risotto: etwa 18 Minuten
Bärlauchblätter: etwa 170 Grad
Bärlauchblätter: etwa 2 Minuten

Risotto

- Zwiebeln schälen, fein schneiden und in Öl leicht dünsten.
- Reis dazugeben und bei milder Hitze unter ständigem Rühren glasig werden lassen.
- Mit Weißwein ablöschen und die Flüssigkeit völlig einkochen lassen.
- Nach und nach mit heißer Gemüsebrühe aufgießen, sodass der Reis immer mit Flüssigkeit bedeckt ist.
- Salzen und pfeffern und unter ständigem Rühren kochen lassen.
- Der Risotto soll bissfest *(al dente)*, seine Konsistenz aber cremig sein.

Bärlauchpesto

- Für den Pesto Bärlauch, Petersilie, Pinoli, Knoblauch, Olivenöl und Salz zusammen fein mixen.

Gebackene Bärlauchblätter (Backteig)

- Tempuramehl und kaltes Wasser mit Salz zu einem glatten Teig verrühren und etwa 10 Minuten ruhen lassen.
- Bärlauchblätter durch den Teig ziehen und in heißem Backfett backen.

Fertigstellung

- Risotto mit kalter Butter, Parmesan und Bärlauchpesto verfeinern, mit Frischkäse und gebackenen Bärlauchblättern garnieren und servieren.

VARIATION

Basilikumrisotto: Geben Sie kurz vor dem Servieren etwa 3 Esslöffel Basilikumpesto (siehe Seite 30) zum Risotto und garnieren Sie den Reis mit Basilikumblättern.

Risotto mit Latschenkiefer und Lachs

Für 4 Personen

Latschenkieferbutter

1 EL	junge Latschenkiefernadeln
2 EL	Petersilie
60 g	kalte Butter
	Salz

Risotto

40 g	Zwiebeln
40 g	Butter
300 g	Rundkornreis (Arborio, Vialone Nano oder Carnaroli)
80 ml	Weißwein
etwa 1 l	heiße Gemüsebrühe (siehe Seite 76) oder Wasser
	Salz
	Pfeffer aus der Mühle
50 g	Bergkäse, gerieben

Lauwarmer Lachs

4	Lachsmedaillons
1 EL	zerlassene Butter
	Salz

Weiteres

schwarzer Pfeffer aus der Mühle zum Garnieren

Risotto: etwa 18 Minuten

Lachs:
etwa 50 Grad
etwa 15 Minuten
etwa 60 Grad
etwa 20 Minuten

Latschenkieferbutter

- Latschenkiefernadeln zusammen mit Petersilie und kalter Butter sehr fein hacken oder mixen, salzen und bereitstellen.

Risotto

- Zwiebeln schälen und fein schneiden.
- Butter in einem Topf schmelzen lassen und Zwiebeln darin dünsten, ohne dass sie braun werden.
- Reis dazugeben und glasig dünsten.
- Mit Weißwein ablöschen und nach und nach mit heißer Gemüsebrühe aufgießen.
- Immer wieder umrühren. Der Reis darf nur leicht mit der Gemüsebrühe bedeckt sein.
- Wenn der Reis gekocht *(al dente)* ist, mit Salz und Pfeffer abschmecken und mit Latschenkieferbutter und geriebenem Bergkäse verfeinern.

Lauwarmer Lachs

- Lachsmedaillons in eine mit Butter ausgestrichene feuerfeste Form legen, mit Salz würzen, mit einer Klarsichtfolie abdecken und im Backofen langsam garen.

Fertigstellung

- Den Risotto mit den Lachsmedaillons anrichten, mit schwarzem Pfeffer bestreuen und sofort servieren.

TIPPS

1. *Sie können die Latschenkieferbutter in den Behälter des Pacojet (Püriergerät für gefrorene Zutaten) geben, tiefkühlen und dann pacojetisieren.*
2. *Latschenkieferbutter können Sie auch eine Woche im Kühlschrank lagern.*

Minze-Apfel-Risotto

FÜR 4 PERSONEN

Zutaten

50 g	Zwiebeln
1 EL	Butter
240 g	Rundkornreis (Arborio, Carnaroli oder Vialone Nano)
100 ml	Weißwein
	Salz
750 ml	heiße Gemüsebrühe (siehe Seite 76) oder Wasser
125 ml	Apfelsaft
200 g	Äpfel
4	Minzeblätter, in feine Streifen geschnitten
2 EL	kalte Butter
50 ml	Sahne

Weiteres

1	geraspelter Apfel zum Garnieren
	Minzeherzen zum Garnieren

etwa 18 Minuten

Zubereitung

- Zwiebeln schälen und in feine Würfel schneiden.
- Butter in einem Topf schmelzen lassen und die Zwiebeln darin dünsten.
- Reis dazugeben und unter ständigem Rühren glasig dünsten.
- Mit Weißwein ablöschen, salzen, mit heißer Gemüsebrühe und Apfelsaft aufgießen, unter ständigem Rühren den Risotto kochen lassen. Dabei immer wieder mit Gemüsebrühe aufgießen.
- Zum Schluss die Äpfel schälen, in Würfel schneiden und mit der in feine Streifen geschnittenen Minze zum Risotto geben.
- Den Risotto mit kalter Butter und Sahne vollenden (die Sahne kann flüssig oder geschlagen sein).
- Mit Apfelraspeln und Minzeherzen garnieren und servieren.

VARIATION

Melonenrisotto: Nehmen Sie für den Risotto anstelle der Apfelwürfel Melonenwürfel.

TIPPS

1. *Besonders gut eignen sich die Apfelsorten Gravensteiner und Granny Smith.*
2. *Servieren Sie zum Minze-Apfel-Risotto gebratene Kalbsleber oder Entenbrust.*

Parmesanrisotto

FÜR 4 PERSONEN

Zutaten

80 g	Zwiebeln
2 EL	Öl
320 g	Rundkornreis (Arborio, Carnaroli oder Vialone Nano)
50 ml	Weißwein
1 l	heiße Gemüsebrühe (siehe Seite 76) oder Wasser
	Salz
	Pfeffer aus der Mühle
40 g	kalte Butter
30 g	Parmesan, gerieben

Weiteres

40 g	Rucolablätter zum Garnieren

etwa 18 Minuten

Zubereitung

- Zwiebeln schälen, fein schneiden und in Öl leicht dünsten.
- Reis dazugeben und bei milder Hitze unter ständigem Rühren glasig werden lassen.
- Mit Weißwein ablöschen und die Flüssigkeit völlig einkochen lassen.
- Nach und nach mit heißer Gemüsebrühe aufgießen, sodass der Reis immer mit Flüssigkeit bedeckt ist.
- Unter ständigem Rühren kochen lassen.
- Der Risotto soll bissfest *(al dente)*, seine Konsistenz aber cremig sein.
- Den Risotto mit Salz und Pfeffer abschmecken.
- Mit kalter Butter und Parmesan verfeinern.
- Mit Rucolablättern garnieren und servieren.

VARIATION

Risotto al Barolo: Verfeinern Sie den Risotto mit reduziertem Barolo. Lassen Sie dazu 250 ml Barolo auf die Hälfte einkochen.

TIPPS

1. *Für einen Risotto müssen Sie unbedingt einen stärkehaltigen Rundkornreis verwenden. Dieser gibt während der Zubereitung genügend Stärke frei, damit die Konsistenz cremig wird.*
2. *Sie können den Parmesanrisotto auch ohne Rucola servieren.*
3. *Anstelle des Parmesans verwenden Sie Pecorino.*

Risotto alla milanese mit Blattgold

FÜR 4 PERSONEN

Zutaten

50 g	Zwiebeln
2 EL	Olivenöl
1 EL	Butter
240 g	Rundkornreis (Arborio, Vialone Nano oder Carnaroli)
125 ml	Weißwein
1 l	heiße Fleischsuppe oder Wasser
	Salz
	Pfeffer aus der Mühle
1 Pkg.	Safran oder einige Safranfäden
1 EL	kalte Butter
30 g	Parmesan, gerieben

Weiteres

	eingeweichte Safranfäden zum Garnieren
4	kleine Blattgoldblättchen zum Garnieren

etwa 18 Minuten

Zubereitung

- Zwiebeln schälen, fein schneiden, in Olivenöl und Butter leicht anschwitzen.
- Reis zugeben, bei geringer Hitze glasig dünsten und mit Weißwein ablöschen.
- Wenn der Weißwein aufgenommen wurde, nach und nach mit heißer Fleischsuppe aufgießen und unter Rühren einkochen lassen.
- Mit Salz und Pfeffer würzen.
- Zum Schluss, wenn der Reis bissfest *(al dente)* ist, den in etwas Wasser aufgelösten Safran, kalte Butter sowie frisch geriebenen Parmesan unterrühren.
- Mit Safranfäden und Blattgold garnieren und servieren.

TIPPS

1. *Der Risotto soll eher flüssig bis cremig sein.*
2. *In der klassischen Küche wird der Risotto alla milanese mit Rinder- oder Kalbsknochenmark zubereitet.*
3. *Dieser Risotto ist die klassische Beilage zum Ossobuco alla milanese.*
4. *Blattgold ist so hauchdünn, dass man es leicht mitessen kann; allerdings hat das Blattgold nur einen ästhetischen Wert auf dem Risotto und keine geschmackliche Bedeutung.*

Radicchiorisotto mit Gorgonzola

Für 4 Personen

Zutaten

- 200 g Radicchio
- 50 g Zwiebeln
- 1 Knoblauchzehe
- 2 EL Öl
- 2 EL Bauchspeck, in Streifen geschnitten
- 100 ml Rotwein (Lagrein dunkel oder Merlot)
- 240 g Rundkornreis (Arborio, Vialone Nano oder Carnaroli)
- 1 l heiße Gemüsebrühe (siehe Seite 76) oder Wasser
- Salz
- Pfeffer aus der Mühle
- 2 EL kalte Butter
- 30 g Parmesan, gerieben

Weiteres

- 120 g Gorgonzola, in Stücke geschnitten, zum Garnieren
- Kerbel zum Garnieren

etwa 18 Minuten

Zubereitung

- Radicchio putzen, waschen und etwa 5 Minuten in lauwarmes Wasser legen.
- Radicchio abtropfen lassen und in Streifen schneiden.
- Zwiebeln und Knoblauch schälen, fein schneiden und in Öl dünsten.
- Bauchspeck kurz mitdünsten.
- Geschnittenen Radicchio dazugeben und ebenfalls dünsten.
- Mit Rotwein aufgießen und weich dünsten, bis der Wein fast vollständig eingekocht ist.
- Reis hinzufügen und nach und nach mit heißer Gemüsebrühe aufgießen.
- Mit Salz und Pfeffer würzen und unter ständigem Rühren kochen lassen.
- Mit kalter Butter und Parmesan verfeinern.
- Mit Gorgonzola und Kerbel garnieren und servieren.

TIPPS

1. *Zum Aufgießen eignet sich auch Geflügelbrühe.*
2. *Wer den Risotto etwas feiner liebt, kann zum Schluss etwas Portwein sowie flüssige oder geschlagene Sahne hinzufügen.*
3. *Anstelle des Gorgonzolas können Sie einen Ziegenkäse verwenden.*

Spinatrisotto mit Pecorino

FÜR 4 PERSONEN

Zutaten

2	Schalotten
1	Knoblauchzehe
2 EL	Öl
240 g	Rundkornreis (Arborio, Carnaroli oder Vialone Nano)
50 ml	Weißwein
1 l	heiße Gemüsebrühe (siehe Seite 76) oder Wasser
	Salz
	Pfeffer aus der Mühle
½ EL	Zitronensaft
50 g	kalte Butter
50 g	Pecorino, gerieben
100 g	gekochter Spinat, fein püriert

Weiteres

50 g	gedünstete und gewürzte Spinatblätter zum Garnieren
	Pecorinospäne zum Garnieren

etwa 18 Minuten

Zubereitung

- Schalotten und Knoblauch schälen, fein schneiden und in Öl leicht dünsten.
- Reis dazugeben und bei milder Hitze unter ständigem Rühren glasig werden lassen.
- Mit Weißwein ablöschen und die Flüssigkeit völlig einkochen lassen.
- Nach und nach mit heißer Gemüsebrühe aufgießen, sodass der Reis immer mit Flüssigkeit bedeckt ist. Unter ständigem Rühren kochen lassen.
- Der Risotto soll bissfest *(al dente)*, seine Konsistenz aber cremig sein.
- Risotto mit Salz, Pfeffer und Zitronensaft abschmecken.
- Mit kalter Butter, Pecorino und pürierten Spinat verfeinern.
- Mit Spinatblättern und Pecorinospänen garnieren und servieren.

VARIATIONEN

Broccolirisotto: Ersetzen Sie den pürierten Spinat durch Broccolipüree.
Peperonirisotto: Anstelle des pürierten Spinats verwenden Sie gelbes oder rotes Peperonipüree.

TIPP

Sie können in den Risotto auch 2 fein gehackte Sardellenfilets geben.

Gefüllte Reisorangen ARANCINI DI RISO

FÜR 4 PERSONEN

Gefüllte Reisorangen

50 g	Zwiebeln
2 EL	Öl
200 g	Rundkornreis (Arborio, Carnaroli oder Vialone Nano)
1 Pkg.	Safranpulver
40 ml	Weißwein
1 l	heiße Fleischsuppe oder Wasser
2	Eigelb
2 EL	Parmesan, gerieben
	Salz
	Pfeffer aus der Mühle
100 g	Mozzarella, in Würfel geschnitten
	Mehl, Eier und Brotbrösel zum Panieren
	Backfett

Parmesanhippen

4 EL	Parmesan, gerieben

Weiteres

200 ml	Tomatensauce zum Servieren
	Kerbel zum Garnieren
2 EL	Olivenöl zum Garnieren

Risotto: etwa 18 Minuten

Reisorangen:
etwa 170 Grad
etwa 2 Minuten

Parmesanhippe:
etwa 160 Grad
etwa 3 Minuten
etwa 160 Grad
etwa 3 Minuten

Gefüllte Reisorangen

- Zwiebeln schälen, in feine Würfel schneiden und in Öl dünsten.
- Reis dazugeben und kurz glasig dünsten.
- Safranpulver im Weißwein auflösen und zum Reis geben, nach und nach mit heißer Fleischsuppe aufgießen, des Öfteren umrühren und kochen lassen, bis der Reis bissfest *(al dente)* ist.
- Den Risotto vom Herd nehmen, Eigelb und Parmesan dazugeben, mit Salz und Pfeffer würzen, umrühren und etwas auskühlen lassen.
- Aus der Reismasse mit angefeuchteten Händen kleine Kugeln formen, Mozzarella hineindrücken und dann zu runden Bällchen rollen.
- Bällchen in Mehl wenden, im verquirlten Ei drehen und in Brotbröseln wälzen.
- Reisorangen im heißen Fett backen und auf Küchenkrepp abtropfen lassen.

Parmesanhippen

- 1 Esslöffel geriebenen Parmesan auf ein Backpapier streuen (etwa einen 10 cm langen Streifen).
- Im Backofen den Parmesan schmelzen lassen, vom Backpapier lösen und bereitstellen.

Fertigstellung

- Die Reisorangen halbieren und auf Tomatensauce servieren. Mit Parmesanhippen, Kerbel und Olivenöl garnieren.

TIPPS

1. *Zu den Reisorangen passt auch eine Käse- oder Kräuterrahmsauce.*
2. *Sie können die Reisorangen auch mit Gorgonzola füllen.*

Steinpilzrisotto

FÜR 4 PERSONEN

Zutaten

- 300 g Steinpilze
- 50 g Zwiebeln
- 1 Knoblauchzehe
- 2 EL Butter
- 1 EL Petersilie, fein geschnitten
- Salz
- Pfeffer aus der Mühle
- 240 g Rundkornreis (Arborio, Vialone Nano oder Carnaroli)
- 100 ml Weißwein
- 1 l heiße Fleischsuppe oder Wasser
- 1 EL Majoran, fein geschnitten
- 2 EL kalte Butter
- 2 EL Parmesan, gerieben

Weiteres

- 100 g gebratene Steinpilze zum Garnieren
- Kerbelblätter zum Garnieren
- Parmesanspäne zum Garnieren

etwa 18 Minuten

Zubereitung

- Steinpilze putzen, waschen und große Pilze vierteln oder in Scheiben schneiden.
- Zwiebeln und Knoblauch schälen und fein schneiden.
- In einem Topf Butter erhitzen, Zwiebeln und Knoblauch dazugeben und anschwitzen.
- Steinpilze dazugeben und für kurze Zeit dünsten lassen. Dann mit Petersilie, Salz und Pfeffer würzen.
- Reis dazugeben, etwas mitdünsten lassen, mit Weißwein ablöschen und die Flüssigkeit völlig einkochen lassen.
- Unter ständigem Rühren immer wieder etwas Fleischsuppe aufgießen und so lange köcheln lassen, bis die Reiskörner weich, aber bissfest *(al dente)* sind.
- Zum Schluss mit Majoran, kalter Butter und Parmesan verfeinern.
- Mit gebratenen Steinpilzen, Kerbelblättern und Parmesanspänen garnieren und servieren.

VARIATIONEN

Pfifferlingrisotto: Verwenden Sie anstelle der Steinpilze Pfifferlinge.
Shiitakepilz-Risotto: Verwenden Sie statt der Steinpilze Shiitakepilze.

TIPPS

1. *Außerhalb der Steinpilzsaison können Sie Champignons oder getrocknete Steinpilze verwenden.*
2. *Noch feiner im Geschmack wird der Risotto, wenn Sie kurz vor dem Servieren geschlagene Sahne unterheben.*
3. *Sie können den Risotto auch mit etwas brauner Kalbssauce verfeinern.*

Trüffelrisotto

FÜR 4 PERSONEN

Zutaten

50 g	Zwiebeln oder Schalotten
1	Knoblauchzehe, fein gehackt
2 EL	Öl
300 g	Rundkornreis (Arborio, Carnaroli oder Vialone Nano)
80 ml	Weißwein
1 l	heiße Gemüsebrühe (siehe Seite 76) oder Wasser
	Salz
	Pfeffer aus der Mühle
50 g	kalte Butter
30 g	Parmesan, gerieben

Weiteres

10 g	weißer oder schwarzer Trüffel, fein gehobelt, zum Garnieren
	Schnittlauchhalme zum Garnieren

etwa 18 Minuten

Zubereitung

- Zwiebeln schälen, fein schneiden und zusammen mit Knoblauch in Öl leicht dünsten.
- Reis dazugeben und bei milder Hitze unter ständigem Rühren glasig werden lassen.
- Mit Weißwein ablöschen und die Flüssigkeit völlig einkochen lassen.
- Nach und nach mit heißer Gemüsebrühe aufgießen, sodass der Reis immer mit Flüssigkeit bedeckt ist.
- Unter ständigem Rühren kochen lassen.
- Der Risotto soll bissfest *(al dente)*, seine Konsistenz aber cremig sein.
- Mit Salz und Pfeffer abschmecken, mit kalter Butter und Parmesan verfeinern.
- Trüffel waschen und mit dem Trüffelhobel direkt auf den Risotto hobeln.
- Mit Schnittlauchhalmen garnieren und servieren.

TIPPS

1. *Wenn Sie den Trüffel mit dem Trüffelhobel direkt auf den Risotto hobeln, entfaltet sich das Trüffelaroma am besten.*
2. *Ideal für den Risotto sind der weiße Alba-Trüffel oder (wie auf dem Foto) ein schwarzer Sommertrüffel.*
3. *Anstelle des Trüffels können Sie auch rohe Steinpilze auf den Reis hobeln.*

Risotto mit Meeresfrüchten

FÜR 4 PERSONEN

Zutaten

1 kg	Muscheln (Miesmuscheln und Venusmuscheln)
2 EL	Öl
125 ml	Weißwein
4	Garnelen
100 g	Knurrhahnfilet
100 g	Kalmar, geputzt
4	Kamm- oder Jakobsmuscheln, geputzt, ohne Schale
50 g	Zwiebeln
30 ml	Olivenöl
250 g	Rundkornreis (Arborio, Vialone Nano oder Carnaroli)
1 l	heiße Gemüsebrühe (siehe Seite 76) oder Wasser
½ TL	Curry
½	Peperoncino, zerrieben
	Salz
100 g	Tomaten, geschält und in Würfel geschnitten
1	Knoblauchzehe, fein gehackt

Weiteres

Dill zum Garnieren

Muscheln: etwa 4 Minuten
Risotto: etwa 18 Minuten

Zubereitung

- Muscheln waschen, putzen und in einem zugedeckten Kochtopf mit Öl erhitzen, mit etwas Weißwein ablöschen, dann etwa 4 Minuten garen, bis alle Muscheln geöffnet sind. Den Muschelfond abseihen und bereitstellen.
- Garnelen vom Panzer befreien und den Darm am Rücken entfernen. Knurrhahnfilet in Stücke und Kalmar in breite Streifen schneiden.
- Kammmuscheln waschen.
- Zwiebeln schälen, fein schneiden, in Olivenöl dünsten, Reis dazugeben und etwas mitdünsten. Mit restlichem Weißwein ablöschen und mit einem Teil der heißen Gemüsebrühe und dem Muschelfond aufgießen.
- Mit Curry, Peperoncino und Salz würzen und unter ständigem Rühren und Aufgießen der Gemüsebrühe kochen.
- Knurrhahn, Garnelen, Kalmar und Kammmuscheln mit Salz würzen; in einer Pfanne etwa 2 Minuten anbraten und mit Tomaten und Knoblauch zum Reis geben.
- Muscheln zum Teil aus den Schalen brechen, dazugeben, den Risotto mit Dill garnieren und servieren.

TIPP

Weitere geeignete Fische sind z. B. Tintenfisch, Steinbutt, Rotbarbe oder Seeteufel.

Oktopusrisotto

FÜR 4 PERSONEN

Zutaten

60 ml	Olivenöl
100 g	Zwiebeln, fein geschnitten
1	Knoblauchzehe, fein gehackt
600 g	Oktopus
150 ml	Weißwein
200 g	Tomaten
1 l	heiße Gemüsebrühe (siehe Seite 76) oder Wasser
	Salz
1	Lorbeerblatt
1	Rosmarinzweig
1	Thymianzweig
1 EL	Petersilie, fein geschnitten

Weiteres

	Parmesanrisotto (siehe Seite 42)
4	Lavendelzweige zum Garnieren

Oktopus: etwa 1 Stunde
Risotto: etwa 18 Minuten

Zubereitung

- Olivenöl in einem Kochtopf erhitzen und Zwiebeln und Knoblauch leicht anschwitzen.
- Oktopus waschen, dazugeben und mit Weißwein ablöschen.
- Tomaten waschen, in Stücke schneiden und mit Gemüsebrühe zum Oktopus geben.
- Mit Salz, Lorbeerblatt, Rosmarin- und Thymianzweig würzen und zugedeckt schmoren lassen.
- Wenn der Tintenfisch weich ist, aus der Sauce nehmen und in Stücke schneiden.
- Die Sauce eventuell passieren, den Oktopus wieder hineingeben und mit Petersilie verfeinern.
- Den Parmesanrisotto kochen, auf einem Teller anrichten, mit geschmortem Oktopus und Lavendelzweig garnieren und servieren.

TIPPS

1. *Anstelle des Oktopus können Sie auch Seppia (gemeiner Tintenfisch) verwenden.*
2. *Sie können den Oktopus auch zuerst in Salzwasser vorkochen, dann benötigen Sie keine Gemüsebrühe zum Aufgießen.*

Zitronenrisotto mit Calamaretti

FÜR 4 PERSONEN

Zitronenconfit

150 ml	Orangensaft
300 ml	Zitronensaft
1	frischen Peperoncino
1/4	Vanilleschote
1	kleines Stück Zimtstange
1 Msp.	Meersalz
4	Zitronen (Zedran-Zitronen)

Risotto

300 g	Calamaretti, geputzt
50 g	Zwiebeln
2 EL	Olivenöl
250 g	Rundkornreis (Arborio, Vialone Nano oder Carnaroli)
125 ml	Weißwein
1 l	heiße Gemüsebrühe (siehe Seite 76) oder Wasser
	Salz

Weiteres

1 EL	Zitronensaft
2 EL	kalte Butter
2 EL	Parmesan, gerieben
2 EL	Kräuteröl zum Garnieren (siehe Seite 72)

Zitronenconfit

- Orangen- und Zitronensaft mit Peperoncino, Vanilleschote, Zimtstange und Meersalz aufkochen und einreduzieren.
- Zitronen waschen, achteln, dazugeben und aufkochen lassen.
- Alles in ein Einweckglas füllen, gut verschließen und bei 90 Grad etwa 45 Minuten im Wasserbad oder Dampfgarer garen.
- 6 Wochen ziehen lassen. Vor Gebrauch fein aufmixen.

Risotto

- Calamaretti in breite Streifen schneiden, die Köpfe ganz lassen.
- Zwiebeln schälen, fein schneiden und in Olivenöl dünsten.
- Reis dazugeben, etwas mitdünsten, mit Weißwein ablöschen und mit einem Teil der heißen Gemüsebrühe aufgießen.
- Mit Salz würzen, dann unter ständigem Rühren und Aufgießen der Gemüsebrühe kochen.

Fertigstellung

- 50 g Zitronenconfit und Zitronensaft unterrühren. Mit kalter Butter und Parmesan verfeinern.
- Calamaretti mit Salz würzen, in einer Pfanne kurz anbraten, auf den Reis geben, mit Kräuteröl garnieren und servieren.

Zitronenconfit: etwa 90 Grad
Zitronenconfit: etwa 45 Minuten
Risotto: etwa 18 Minuten

TIPPS

1. *Das Zitronenconfit können Sie auch für Nudelgerichte, Saucen, zu Käse oder Fischgerichten verwenden.*
2. *Anstelle von Zitronenconfit verwenden Sie etwas abgeriebene Limettenschale.*

Risotto mit Wacholder und Garnelen

FÜR 4 PERSONEN

Wacholderbutter

- 70 g weiche Butter
- 1 TL Wacholderbeeren, gehackt
- 2 EL Walnüsse, grob gehackt
- 1 Knoblauchzehe, fein gehackt
- Salz

Risotto

- 150 g Garnelen
- 2 EL Olivenöl zum Marinieren
- 40 g Schalotten
- 1 EL Butter
- 220 g Rundkornreis (Arborio, Vialone Nano oder Carnaroli)
- 1 EL Tomatenmark
- 125 ml Weißwein
- 1 l heiße Gemüsebrühe (siehe Seite 76)
- Salz
- Pfeffer aus der Mühle
- 40 g Parmesan, gerieben

Gebackene Garnelen

- 2 EL Sesam
- 1 EL Wacholderbeeren, gehackt
- 4 Garnelen, geputzt und längs halbiert
- 1 Eiweiß zum Panieren
- Backfett

Weiteres

- 8 Kerbelzweige zum Garnieren

Wacholderbutter

- Weiche Butter cremig rühren, mit Wacholderbeeren, Walnüssen, Knoblauch und Salz vermischen.

Risotto

- Garnelen von Schale und Darm befreien, waschen, der Länge nach halbieren mit Olivenöl beträufeln und bereitstellen.
- Schalotten schälen, in kleine Würfel schneiden und in Butter dünsten.
- Reis dazugeben und unter ständigem Rühren erhitzen. Tomatenmark dazugeben, mit Weißwein ablöschen, nach und nach mit heißer Gemüsebrühe aufgießen und langsam kochen lassen.
- Garnelen leicht salzen und in einer nicht zu heißen Pfanne kurz braten.
- Den Risotto mit Salz, Pfeffer, Wacholderbutter und Parmesan verfeinern und die Garnelen untermischen.

Gebackene Garnelen

- Sesam und Wacholderbeeren vermischen.
- Garnelen durch das verquirlte Eiweiß ziehen und in dem Sesam-Wacholder-Gemisch panieren.
- Nun die Garnelen in Backfett schwimmend backen.

Fertigstellung

- Den Risotto mit den gebackenen Garnelen anrichten, mit Kerbel garnieren und servieren.

Risotto: etwa 18 Minuten
Garnelen: etwa 170 Grad
Garnelen: etwa 2 Minuten

TIPP
Sie können die Garnelen auch mit einer Scheibe Lardo di Colonnata umwickeln und dann braten.

Risotto mit frischem Thunfisch

FÜR 4 PERSONEN

Risotto

80 g	Zwiebeln
1	Knoblauchzehe, fein gehackt
1 Stange	Zitronengras, halbiert
2 EL	Öl
250 g	Rundkornreis (Arborio, Carnaroli oder Vialone Nano)
50 ml	Weißwein
1 l	heiße Gemüsebrühe (siehe Seite 76) oder Wasser
	Salz
	Pfeffer aus der Mühle
40 g	kalte Butter
30 g	Parmesan, gerieben
1 EL	Petersilie, fein geschnitten

Thunfisch

4	Thunfischmedaillons
	Salz
	Pfeffer aus der Mühle
½ TL	Koriandersamen
½ TL	Fenchelsamen
½ TL	rosa Pfefferkörner
1 TL	schwarzer Sesam
½ TL	Ingwer, fein gerieben
2 EL	Olivenöl

Weiteres

	Fleur de Sel (Salzblüte) zum Bestreuen
4 Stück	Zitronengras zum Garnieren
2 EL	Olivenöl zum Garnieren

Risotto: etwa 18 Minuten
Thunfisch: etwa 4 Minuten

Risotto

- Zwiebeln schälen, fein schneiden und zusammen mit Knoblauch und Zitronengras (am Stück) in Öl leicht dünsten.
- Reis dazugeben und bei milder Hitze unter ständigem Rühren glasig werden lassen.
- Mit Weißwein ablöschen und die Flüssigkeit völlig einkochen lassen.
- Nach und nach mit heißer Gemüsebrühe aufgießen, sodass der Reis immer mit Flüssigkeit bedeckt ist.
- Unter ständigem Rühren kochen lassen.
- Der Risotto soll bissfest *(al dente)*, seine Konsistenz aber cremig sein.
- Zitronengras aus dem Risotto nehmen, mit Salz und Pfeffer abschmecken, mit kalter Butter, Parmesan und Petersilie verfeinern.

Thunfisch

- Thunfischmedaillons mit Salz und Pfeffer würzen.
- Koriandersamen, Fenchelsamen und Pfefferkörner zerdrücken, mit Sesam und Ingwer vermischen und die Thunfischmedaillons damit auf beiden Seiten bestreuen.
- Olivenöl erhitzen und die Medaillons auf beiden Seiten kurz braten und bereitstellen.

Fertigstellung

- Thunfischmedaillons halbieren, mit Fleur de Sel bestreuen und auf den Risotto geben.
- Den Risotto mit Zitronengras und Olivenöl garnieren und servieren.

Schwarzer Risotto mit Tintenfisch

FÜR 4 PERSONEN

Zutaten

50 g	Zwiebeln
2 EL	Olivenöl
250 g	Rundkornreis (Arborio, Vialone Nano oder Carnaroli)
125 ml	Weißwein
1 l	heiße Gemüsebrühe (siehe Seite 76) oder Wasser
	Salz
2 Pkg.	Seppiatinte
2 EL	kalte Butter
2 EL	Parmesan, gerieben
300 g	kleine Tintenfische, geputzt
	Salz
	Pfeffer aus der Mühle
30 ml	Olivenöl zum Braten
1 EL	Petersilie, fein geschnitten
1	Knoblauchzehe, gehackt

Risotto: etwa 18 Minuten
Seppia: etwa 2 Minuten

Zubereitung

- Zwiebeln schälen, fein schneiden und in Olivenöl dünsten
- Reis dazugeben und etwas mitdünsten.
- Mit Weißwein ablöschen und mit einem Teil der heißen Gemüsebrühe aufgießen.
- Mit Salz würzen, dann unter ständigem Rühren und Aufgießen der Gemüsebrühe kochen.
- Seppiatinte unterrühren und den Risotto mit kalter Butter und Parmesan verfeinern.
- Tintenfisch in breite Streifen schneiden und die Fangarme trennen. Mit Salz und Pfeffer würzen und in einer Pfanne in Ölivenöl kurz anbraten. Mit Petersilie und Knoblauch würzen.
- Tintenfisch auf den Reis geben und servieren.

TIPPS

1. *Sie können anstelle der Tintenfische auch Garnelen verwenden.*
2. *Verfeinern Sie den Risotto mit frisch gezupften Kräutern wie Kerbel, Thymian, Majoran.*
3. *Seppiatinte erhalten Sie im Fischfachgeschäft.*

Roter Risotto mit gebratenem Kabeljau

FÜR 4 PERSONEN

Roter Risotto

240 g	roter Reis
80 g	Zwiebeln, fein geschnitten
1	Knoblauchzehe, fein gehackt
2 EL	Öl
1,2 l	heiße Gemüsebrühe (siehe Seite 76) oder Wasser
	Salz
	Pfeffer aus der Mühle
50 g	kalte Butter
1 TL	Korianderkraut
1 EL	Ingwer, fein gerieben
4 Schoten	grüner Kardamom, zerdrückt

Weißweinschaum

150 ml	Weißwein
50 ml	Sahne
	Salz
	Pfeffer aus der Mühle

Gebratener Kabeljau

4	Kabeljau-Medaillons zu je 100 g
2 Stück	Zitronengras
	Salz
	Pfeffer aus der Mühle
50 ml	Öl zum Braten

Weiteres

1 TL	Fleur de Sel (Salzblüte)
4	zerdrückte Kardamomschoten zum Garnieren
1 EL	geschnittenes Korianderkraut zum Garnieren

Roter Risotto

- Reis waschen und 1 Stunde in Wasser einweichen.
- Zwiebeln und Knoblauch in Öl leicht dünsten, Reis dazugeben und bei milder Hitze unter ständigem Rühren glasig dünsten.
- Nach und nach mit heißer Gemüsebrühe aufgießen, sodass der Reis immer mit Flüssigkeit bedeckt ist.
- Unter ständigem Rühren kochen lassen.
- Mit Salz und Pfeffer abschmecken, mit kalter Butter, Korianderkraut, Ingwer und Kardamom verfeinern.

Weißweinschaum

- Weißwein auf ein Drittel einkochen lassen, dann Sahne dazugeben und etwa 5 Minuten langsam köcheln lassen. Nun mit Salz und Pfeffer würzen und mit dem Pürierstab aufschäumen.

Gebratener Kabeljau

- Kabeljau-Medaillons auf Zitronengrashälften spießen, mit Salz und Pfeffer würzen und in heißem Öl zuerst auf der Hautseite etwa 4 Minuten braten, dann auf der Fleischseite etwa 5 Minuten fertig braten.

Fertigstellung

- Den Risotto auf Tellern anrichten und die gebratenen Kabeljau-Medaillons auf den Reis setzen.
- Mit etwas Fleur de Sel, Kardamom und Koriander bestreuen, mit Weißweinschaum garnieren und servieren.

Risotto: etwa 18 Minuten
Kabeljau: etwa 9 Minuten

TIPPS

1. *Anstelle von Kabeljau können Sie auch gesalzenen Stockfisch verwenden.*
2. *Sie können den Risotto auch mit einem gebratenen Lachsfilet servieren.*

Venere-Risotto mit Honig-Chicorée und Jakobsmuscheln

FÜR 4 PERSONEN

Venere-Risotto

200 g	Venere-Reis
80 g	Zwiebeln
1	Knoblauchzehe
2 EL	Öl
50 ml	Weißwein
1,2 l	heiße Gemüsebrühe (siehe Seite 76) oder Wasser
	Salz
	Pfeffer aus der Mühle
30 g	kalte Butter
50 g	Mascarpone
20 g	Parmesan, gerieben

Honig-Chicorée

1	Chicorée
1 EL	Honig
1 EL	Butter
	Salz
1 TL	Sesamsamen

Jakobsmuscheln

8	Jakobsmuscheln, geputzt
	Salz
	Pfeffer aus der Mühle
1 EL	Olivenöl zum Braten

Weiteres

1 TL	Fleur de Sel (Salzblüte)
4	Korianderkrautblätter oder Petersilienblätter zum Garnieren

Risotto: etwa 18 Minuten
Honig-Chicorée: etwa 6 Minuten
Honig-Chicorée: etwa 5 Minuten
Jakobsmuscheln: etwa 4 Minuten

Venere-Risotto

- Venere-Reis waschen und 1 Stunde in lauwarmem Wasser einweichen.
- Zwiebeln und Knoblauch schälen, fein schneiden und in Öl dünsten.
- Reis dazugeben und bei milder Hitze unter ständigem Rühren glasig werden lassen.
- Mit Weißwein ablöschen und die Flüssigkeit völlig einkochen lassen.
- Nach und nach mit heißer Gemüsebrühe aufgießen, sodass der Reis immer mit Flüssigkeit bedeckt ist.
- Unter ständigem Rühren kochen lassen.
- Mit Salz und Pfeffer abschmecken, mit kalter Butter, Mascarpone und Parmesan verfeinern.

Honig-Chicorée

- Chicorée vierteln und etwa 6 Minuten in Salzwasser kochen.
- Honig und Butter in einer Pfanne schmelzen lassen, Chicorée dazugeben, salzen, mit Sesamsamen bestreuen und zugedeckt etwa 5 Minuten langsam dünsten lassen.

Jakobsmuscheln

- Jakobsmuscheln salzen, pfeffern und in Olivenöl auf beiden Seiten je 2 Minuten braten.

Fertigstellung

- Den Risotto auf Tellern anrichten und die gebratenen Jakobsmuscheln auf den Reis setzen
- Mit etwas Fleur de Sel bestreuen, mit Honig-Chicorée und Korianderkrautblättern garnieren und servieren.

Tomatenrisotto mit gebratenem Wolfsbarsch

FÜR 4 PERSONEN

Tomatenrisotto

50 g	Zwiebeln
2 EL	Olivenöl
240 g	Rundkornreis (Arborio, Vialone Nano oder Carnaroli)
1 TL	Tomatenmark
100 ml	Weißwein
1 l	heiße Gemüsebrühe (siehe Seite 76) oder Wasser
400 g	Kirschtomaten, geviertelt
	Salz
2 EL	kalte Butter

Wolfsbarschfilet

250 g	Wolfsbarschfilet
	Salz
	Pfeffer aus der Mühle
50 ml	Olivenöl zum Braten
1	Rosmarinzweig

Weiteres

40 g	Rucola zum Garnieren
2 EL	Kräuteröl (Olivenöl mit Petersilie, Basilikum und Kerbel fein aufmixen und passieren) zum Garnieren

Risotto: etwa 18 Minuten
Wolfsbarsch: etwa 8 Minuten

Tomatenrisotto

- Zwiebeln schälen, fein schneiden und in Olivenöl leicht andünsten.
- Reis dazugeben, bei geringer Hitze glasig dünsten, Tomatenmark dazugeben und mit Weißwein ablöschen.
- Wenn der Weißwein aufgenommen wurde, nach und nach mit heißer Gemüsebrühe aufgießen und einkochen lassen.
- Kirschtomaten dazugeben, salzen und unter ständigem Rühren kochen lassen.
- Zum Schluss den Risotto vom Herd nehmen und kalte Butter unterrühren.

Wolfsbarschfilet

- Wolfbarschfilets in vier Stücke schneiden, mit Salz und Pfeffer würzen.
- Olivenöl erwärmen, Filets einlegen, etwa 4 Minuten braten lassen, den Fisch wenden und mit Rosmarin langsam fertig braten.

Fertigstellung

- Den Risotto auf Tellern anrichten und das gebratene Wolfsbarschfilet darauflegen.
- Mit Rucola und Kräuteröl garnieren und servieren.

TIPPS

1. *Der Risotto soll eher flüssig bis cremig sein.*
2. *Zum Tomatenrisotto können Sie auch andere gebratene Fischfilets, wie Rotbarbe, Zander, Steinbutt, oder gebratene Krustentiere, wie Garnelen, Scampi und Langusten, servieren.*

Rosmarinrisotto mit Lammrückenfilet

FÜR 4 PERSONEN

Rosmarinrisotto

- 80 g Zwiebeln
- 1 Knoblauchzehe
- 2 EL Öl
- 240 g Rundkornreis (Arborio, Carnaroli oder Vialone Nano)
- 50 ml Weißwein
- 1 l heiße Fleischsuppe oder Wasser
- Salz
- Pfeffer aus der Mühle
- 50 g kalte Butter
- 30 g Parmesan, gerieben
- 1 EL Rosmarinnadeln, fein gehackt

Lammrückenfilet

- 4 Lammrückenfiletstücke zu je 60 g
- Salz
- 50 ml Öl zum Braten

Weiteres

- 1 TL Fleur de Sel (Salzblüte)
- 4 Rosmarinzweige zum Garnieren
- 1 EL Olivenöl zum Garnieren

Risotto: etwa 18 Minuten
Lammrückenfilet: etwa 8 Minuten

Rosmarinrisotto

- Zwiebeln und Knoblauch schälen, fein schneiden und in Öl leicht dünsten.
- Reis dazugeben und bei milder Hitze unter ständigem Rühren glasig werden lassen.
- Mit Weißwein ablöschen und die Flüssigkeit völlig einkochen lassen.
- Nach und nach mit heißer Fleischsuppe aufgießen, sodass der Reis immer mit Flüssigkeit bedeckt ist.
- Unter ständigem Rühren kochen lassen.
- Der Risotto soll bissfest *(al dente)*, seine Konsistenz aber cremig sein.
- Mit Salz und Pfeffer abschmecken, mit kalter Butter, Parmesan und gehacktem Rosmarin verfeinern.

Lammrückenfilet

- Die Lammrückenfilets leicht salzen und im heißen Öl etwa 4 Minuten braten, wenden, weitere 4 Minuten fertigbraten und etwa 2 Minuten ruhen lassen.

Fertigstellung

- Den Risotto auf Tellern anrichten, die gebratenen Lammrückenfilets halbieren und auf den Risotto setzen.
- Mit etwas Fleur de Sel bestreuen, mit Rosmarinzweigen und Olivenöl garnieren und servieren.

VARIATIONEN

Fenchelkrautrisotto: Anstelle des Rosmarins verwenden Sie 2 Esslöffel fein gehacktes Fenchelkraut.
Olivenrisotto: Anstelle des Rosmarins verwenden Sie 3 Esslöffel fein gehackte ligurische Oliven (Taggiasca-Oliven).

TIPPS

1. *Sie können den Risotto auch mit Rehrückenfilet, Entenbrust oder Spanferkelrücken servieren.*
2. *Zu diesem Risotto passen auch sehr gut geschmorte Kalbswangen.*

Reisfleisch

FÜR 4 PERSONEN

Gemüsebrühe

- 1 kg Gemüse (Lauch, Sellerie, Fenchel, Wirsing usw.)
- 1 Zwiebel
- 1 EL Butter
- 2 l kaltes Wasser
- 1 Tomate, in Stücke geschnitten
- 1 Lorbeerblatt
- 1 Knoblauchzehe
- Salz

Reisfleisch

- 50 g Zwiebeln
- 1 Knoblauchzehe
- 2 EL Öl
- 250 g Kalbs- oder Schweinsfilet, fein geschnetzelt
- 1 TL Paprikapulver
- 320 g Rundkornreis (Arborio, Carnaroli oder Vialone Nano)
- 50 ml Weißwein
- Salz
- Pfeffer aus der Mühle
- 1 TL Thymian, fein geschnitten
- 1 TL Majoran, fein geschnitten
- 40 g kalte Butter
- 30 g Parmesan, gerieben

Weiteres

- 1 Msp. Paprikapulver zum Bestreuen
- 2 EL Parmesan, geraspelt

Gemüsebrühe: etwa 30 Minuten
Reisfleisch: etwa 18 Minuten

Gemüsebrühe

- Gemüse putzen, waschen und klein schneiden.
- Zwiebel schälen und in Würfel schneiden.
- Butter in einem hohen Topf schmelzen lassen, Zwiebelwürfel und Lauch dünsten, dann das restliche Gemüse zugeben und mitdünsten.
- Kaltes Wasser, Tomatenstücke, Lorbeerblatt, Knoblauchzehe und Salz zufügen und sieden lassen.
- Die Gemüsebrühe abseihen und bereitstellen.

Reisfleisch

- Zwiebeln und Knoblauch schälen, fein schneiden und in Öl dünsten.
- Fleisch dazugeben und mitdünsten. Dann Paprikapulver dazugeben.
- Reis hinzufügen und bei milder Hitze unter ständigem Rühren glasig werden lassen.
- Mit Weißwein ablöschen und die Flüssigkeit völlig einkochen lassen.
- Nach und nach mit heißer Gemüsebrühe aufgießen, sodass der Reis immer mit Flüssigkeit bedeckt ist.
- Unter ständigem Rühren kochen lassen. Das Reisfleisch soll bissfest (*al dente*), seine Konsistenz aber cremig sein.
- Mit Salz, Pfeffer, Thymian und Majoran abschmecken.
- Mit kalter Butter und geriebenem Parmesan verfeinern.
- Mit Paprikapulver bestreuen, mit fein geraspeltem Parmesan garnieren und servieren.

TIPPS

1. *Zum Reisfleisch können Sie verschiedene Gemüse oder Blattsalate servieren.*
2. *Als zusätzliche Gewürze können Sie Lorbeerblatt und Rosmarin verwenden.*

Risotto mit Salsiccia und Salbei

FÜR 4 PERSONEN

Risotto

80 g	Zwiebeln
2 EL	Öl
240 g	Rundkornreis (Arborio, Carnaroli oder Vialone Nano)
50 ml	Weißwein
1 l	heiße Fleischsuppe oder Wasser
	Salz
	Pfeffer aus der Mühle
50 g	kalte Butter
30 g	Parmesan, gerieben

Salsiccia

300 g	Salsiccia (Schweinswürstchen)
2 EL	Butter zum Braten
8	kleine Salbeiblätter

etwa 18 Minuten

Risotto

- Zwiebeln schälen, fein schneiden und in Öl leicht dünsten.
- Reis dazugeben und bei milder Hitze unter ständigem Rühren glasig werden lassen.
- Mit Weißwein ablöschen und die Flüssigkeit völlig einkochen lassen.
- Nach und nach mit heißer Fleischsuppe aufgießen, sodass der Reis immer mit Flüssigkeit bedeckt ist.
- Unter ständigem Rühren kochen lassen.
- Der Risotto soll bissfest *(al dente)*, seine Konsistenz aber cremig sein.
- Mit Salz und Pfeffer abschmecken, mit kalter Butter und Parmesan verfeinern.

Salsiccia

- Salsiccia in 1 cm große Stücke schneiden, in heißer Butter braten, Salbei dazugeben und kurz mitbraten.

Fertigstellung

- Risotto auf Tellern anrichten, die gebratenen Salsicciastücke auf den Reis setzen und mit etwas Salbeibutter (vom Braten der Würstchen) übergießen.
- Mit den gebratenen Salbeiblättern garnieren und servieren.

VARIATIONEN

Risotto mit gebratener Hühnerleber: Anstelle der Salsiccia nehmen Sie Hühnerleber.
Risotto mit gebratener Kalbsleber: Sie ersetzen die Salsiccia durch gebratene Kalbsleberscheiben.

TIPP

Sie können die Salsiccia auch unter den Risotto mischen.

Champagnerrisotto mit Gänsestopfleber und Schokokrokant

FÜR 4 PERSONEN

Champagnerrisotto

- 60 g Schalotten
- 2 EL ligurisches Olivenöl
- 260 g Rundkornreis (Arborio, Carnaroli oder Vialone Nano)
- 200 ml Champagner
- 1 l heiße Gemüsebrühe (siehe Seite 76) oder Wasser
- Salz
- Pfeffer aus der Mühle
- 60 g kalte Butter
- 50 g Parmesan, gerieben

Schokokrokant

- 2 EL Kuvertüre (70% Kakaomasse), gerieben

Gänsestopfleber

- 200 g Gänsestopfleber
- Mehl zum Wenden
- 2 EL geklärte Butter
- Salz
- Pfeffer aus der Mühle

Weiteres

- Fleur de Sel (Salzblüte) zum Garnieren
- Kerbel zum Garnieren

Schokokrokant: etwa 200 Grad

Schokokrokant: etwa 2 Minuten

Risotto: etwa 18 Minuten

Gänsestopfleber: etwa 3 Minuten

Champagnerrisotto

- Schalotten schälen, fein schneiden und in Olivenöl leicht dünsten.
- Reis dazugeben und bei milder Hitze unter ständigem Rühren glasig werden lassen.
- Mit einem Viertel des Champagners ablöschen und die Flüssigkeit völlig einkochen lassen.
- Nach und nach mit heißer Gemüsebrühe aufgießen, sodass der Reis immer mit Flüssigkeit bedeckt ist.
- Unter ständigem Rühren kochen lassen.
- Der Risotto soll bissfest (*al dente*), seine Konsistenz aber cremig sein.
- Den Risotto mit Salz und Pfeffer abschmecken und mit kalter Butter, Parmesan und dem restlichen Champagner verfeinern.

Schokokrokant

- Geriebene Kuvertüre auf eine Silpat-Matte (Kunststoffmatte zum Backen) oder Backpapier streuen und im Backofen backen. Den Krokant auskühlen lassen, von der Matte lösen und bereitstellen.

Gänsestopfleber

- Gänsestopfleber von den Blutgefäßen befreien, in Scheiben schneiden, in Mehl wenden und in der heißen geklärten Butter kurz braten, salzen, pfeffern und bereitstellen.

Fertigstellung

- Den Risotto auf Tellern anrichten und die gebratene Gänsestopfleber darauflegen.
- Mit etwas Fleur de Sel, Schokokrokant und Kerbel garnieren und servieren.

VARIATION

Risotto mit Spumante: Anstelle des Champagners geben Sie italienischen Sekt (Spumante) in den Risotto.

Risottomousse mit Saturnpfirsichen

FÜR 4 PERSONEN

Zutaten

500 ml	Milch
1 Prise	Salz
1 Pkg.	Vanillezucker
1 Msp.	Zitronenschale, gerieben
60 g	Zucker
60 g	Rundkornreis (Arborio, Vialone Nano oder Carnaroli)
2 Blatt	Gelatine
80 g	Pfirsichpüree
2 EL	Pfirsichlikör
250 ml	geschlagene Sahne

Weiteres

4	Schokoladenblättchen
20 g	geröstete Honignüsse (grob gehackte Walnüsse, Haselnüsse und Pistazien in Honig geröstet)
200 g	karamellisierte Saturnpfirsichkugeln
1 EL	Pistazien, grob gehackt

etwa 40 Minuten

Zubereitung

- Milch zum Kochen bringen. Salz, Vanillezucker, Zitronenschale, Zucker und Reis dazugeben und bei schwacher Hitze unter ständigem Rühren weich kochen.
- Milchreis abseihen, die Milch in eine Schüssel geben und bereitstellen.
- Reis in kalt ausgespülten Ringförmchen halb voll einfüllen und erkalten lassen.
- In der Zwischenzeit Gelatineblätter in kaltem Wasser etwa 10 Minuten einweichen.
- Gelatineblätter ausdrücken und in der heißen Milchreis-Milch (etwa 200 ml) auflösen. Kurz bevor die Masse stockt, Pfirsichpüree, Pfirsichlikör und geschlagene Sahne vorsichtig unterheben.
- Die Risottomousse sofort in die Förmchen auf den Reis geben und mindestens 2 Stunden im Kühlschrank kalt stellen.

Fertigstellung

- Vor dem Servieren die Ringförmchen kurz in heißes Wasser tauchen und stürzen.
- Die Risottomousse auf Tellern anrichten, die Schokoladenblättchen auf die Mousse legen und mit gerösteten Honignüssen belegen.
- Mit karamellisierten Saturnpfirsichkugeln garnieren, mit Pistazien bestreuen und servieren.

TIPP

Die Risottomousse können Sie auch mit einer Himbeer- oder Marillensauce und mit anderen frischen Früchten wie Schwarzbeeren, Erdbeeren oder Kirschen beliebig garnieren und servieren.

Reis-Eis mit Himbeeren

FÜR 4 PERSONEN

Reis-Eis

40 g	Rundkornreis (Arborio, Vialone Nano oder Carnaroli)
800 ml	Milch
1/4	Vanilleschote oder 1/2 Pkg. Vanillezucker
100 g	Zucker
1 Prise	Salz
1 Stück	Zitronenschale
80 ml	Sahne
2 EL	Eierlikör

Himbeerzuckerhippe

50 g	Isomalt-Zucker
1 TL	Himbeersirup

Weiteres

300 g	Himbeeren
1 EL	Staubzucker
2 EL	Himbeermark (mit 1 EL Staubzucker pürierte Himbeeren) zum Garnieren

Reis:
etwa 40 Minuten

Himbeerzuckerhippe:
etwa 160 Grad
etwa 2 Minuten
etwa 180 Grad
etwa 2 Minuten

Reis-Eis

- Reis in die Milch geben, die aufgeschlitzte Vanilleschote, Zucker, Salz und Zitronenschale dazugeben und bei nicht zu starker Hitze weich kochen.
- Vanilleschote und Zitronenschale aus der Milch nehmen. Reismilch mixen und durch ein feines Sieb seihen.
- Sahne und Eierlikör unter die Reismilch rühren und auskühlen lassen.
- Die Eismasse in die Eismaschine geben und zur gewünschten Konsistenz gefrieren lassen.

Himbeerzuckerhippe

- Isomalt-Zucker mit Himbeersirup vermischen, auf eine Silpat-Matte (Kunststoffmatte zum Backen) oder auf ein Backpapier streichen, im Ofen schmelzen lassen, erkalten lassen, brechen und bereitstellen.

Fertigstellung

- Aus der gefrorenen Eismasse mit einem Esslöffel Nocken formen, auf Tellern mit frischen Himbeeren anrichten und mit Staubzucker bestreuen.
- Mit etwas Himbeermark und Himbeerzuckerhippen garnieren und servieren.

VARIATION

Milchreis: Für Milchreis erhöhen Sie die Reismenge auf 200 g und die Milch auf 1 Liter. Den cremig gekochten Reis mit Zimt und nussbrauner Butter servieren.

TIPPS

1. *In das Eis können Sie 1 Esslöffel Glukose geben, dann bindet es besser und ist cremiger.*
2. *Das Eis lässt sich auch mit Erdbeeren, Brombeeren oder Johannisbeeren servieren.*

Kleines Küchenlexikon

Dieses kleine Glossar erklärt einige bekannte Fachbegriffe, die zum Kochen und Backen in der Küche gebraucht werden. In der Auflistung finden Sie Zubereitungsmethoden und handwerkliche Begriffe, die Ihnen in den Rezepten begegnen und über die Sie vielleicht noch einmal genau informiert werden möchten.

Abschmecken	gegen Ende der Zubereitung ein Gericht auf Geschmack und Aroma prüfen und es gegebenenfalls mit Gewürzen verbessern
Arancini di riso	Reisorangen/Reisknödel, gefüllt mit Käse, mit Brotbröseln paniert und gebacken
Brühe	geschmackgebende Flüssigkeit zum Aufgießen von Risotto
Cime di Catalogna	längliche, löwenzahnähnliche, recht harte Blätter; schmecken sehr bitter
Fontina	Rohmilchkäse, leicht süßlich im Geschmack; helle, leicht schmelzende Masse
Gorgonzola	italienischer Weichkäse, benannt nach der Stadt Gorgonzola
Ingwer	Wurzelknolle einer Gewürzlilie; stammt aus dem südlichen Asien
Kaminwurzen	kleine, geräucherte, luftgetrocknete Wurst, auch vom Wild
Karde	elfenbeinfarbige, süße, zarte, kompakte Blattrippen
Lardo di Colonnata	marmorweißer, würziger Speck mit besonders nussigem Aroma
Luganega	würzige ital. Rohwurst (viel Pfeffer) u. a. für Risotti, Füllungen und Pastasaucen
Oktopus	Krake, Tintenfischart
Parmigiano	Parmesankäse aus Parma (italienisch *parmigiano)*
Pesto	ursprünglich genuesische Pastasauce; *Pesto* (italienisch): gestoßen, geschlagen
Reduzieren	einkochen
Salsiccia	würzige, lange, frische, italienische Schweinsrohwurst
Speck	geräucherter, luftgetrockneter Schinkenspeck
Taggiasca-Olive	beste handverlesene, vollreife ligurische Olive
Trüffel	unterirdisch wachsender, sehr teurer Pilz

Ländertypische Bezeichnungen

Öfters kommt es innerhalb der deutschsprachigen Länder zu Missverständnissen und Verwechslungen aufgrund von unterschiedlichen Benennungen. Die nachstehende Übersicht soll für Klarheit sorgen.

Südtirol	Deutschland
Balsamico	Balsamessig
Fleischsuppe	Fleischbrühe
Gamberi	Garnelen
Mascarpone	Frischkäse
Melanzane	Auberginen

Südtirol	Deutschland
Peperoncino	Chilischote
Peperoni	Paprikaschote
Ricotta/Topfen	Quark
Scampi	Kaisergranat, Langustinos
Schwammerln	Pilze

Register

Stichwörter mit **roten** Seitenzahlen befinden sich im Rezeptteil. Stichwörter mit **schwarzen** Seitenzahlen befinden sich im Abschnitt »Wissenswertes«.

Essen und ...

ISBN
978-88-6839-099-0

ISBN
978-88-8266-341-4

ISBN
978-88-8266-202-8

ISBN
978-88-8266-905-8

ISBN
978-88-6839-221-5

ISBN
978-88-6839-353-3

ISBN
978-88-6839-362-5

ISBN
978-88-6839-036-5